20周年纪念
更·新·版

值得信赖的顾问

成为客户心中无可替代的人

THE
TRUSTED
ADVISOR

20th Anniversary Edition

[美] 大卫·梅斯特 查理·格林 罗伯特·加弗德 著
David H. Maister Charles H. Green Robert M. Galford

[澳] 吴卫军 [英] 李东旭 译

机械工业出版社
CHINA MACHINE PRESS

图书在版编目（CIP）数据

值得信赖的顾问：成为客户心中无可替代的人：20周年纪念：更新版 /（美）大卫·梅斯特（David H. Maister），（美）查理·格林（Charles H. Green），（美）罗伯特·加弗德（Robert M. Galford）著，（澳）吴卫军，（英）李东旭译 .—北京：机械工业出版社，2023.12

书名原文：The Trusted Advisor, 20th Anniversary Edition

ISBN 978-7-111-74056-8

Ⅰ. ①值…　Ⅱ. ①大…　②查…　③罗…　④吴…　⑤李…　Ⅲ. ①企业管理 – 销售管理 – 商业服务　Ⅳ. ① F274

中国国家版本馆 CIP 数据核字（2023）第 198598 号

机械工业出版社（北京市百万庄大街 22 号　邮政编码 100037）
策划编辑：刘　静　　　　　　责任编辑：刘　静　林晨星
责任校对：李小宝　周伟伟　　责任印制：刘　媛
涿州市京南印刷厂印刷
2024 年 1 月第 1 版第 1 次印刷
170mm×230mm·19.5 印张·1 插页·247 千字
标准书号：ISBN 978-7-111-74056-8
定价：89.00 元

电话服务　　　　　　　　网络服务
客服电话：010-88361066　机 工 官 网：www.cmpbook.com
　　　　　010-88379833　机 工 官 博：weibo.com/cmp1952
　　　　　010-68326294　金 书 网：www.golden-book.com
封底无防伪标均为盗版　机工教育服务网：www.cmpedu.com

致凯西、勒内、麦蒂、阿什利、
马歇尔、苏珊、凯蒂和卢克

|目录|

THE TRUSTED ADVISOR

|第 3 部分|　**践行信任关系**

在各种资料似乎随手可得的信息碎片化时代，判断一本书是否有价值的简单标准之一，是哪怕仅仅出版了一年后，是否还有读者愿意再读。如果出版了 20 年还依然广受欢迎，那么，这必然是一本不容忽视的经典著作。大卫·梅斯特主笔的这本《值得信赖的顾问》就是专业服务领域广受推崇超过 20 年的一本经典著作。另外，吴卫军先生写的文章简练传神，由他来主笔翻译这本专业服务领域的经典著作，并反复推敲改进中文译本，这本身就是用专业的态度来做专业的事情的具体体现。我对这本中文译本投下信任的一票，并推荐给广大专业人士。

——巴曙松

北京大学汇丰金融研究院执行院长，中国宏观经济学会副会长

"信任"不仅仅是人与人之间的情感，更是相同的价值观和原则的体现。赢得客户的信赖，满足客户的需求，为客户提供增值服务，是所有商业活动的本质。

——江南春

分众传媒创始人

赢得客户的信赖是每一名专业顾问期望达到的理想境界。倾听、坦诚、专业、凝聚力……本书抓住顾问和客户交往中的若干要点娓娓道来，言简意赅，可称为一本实用的指导手册。

——徐沪初

普华永道思略特中国合伙人

相比于提供物质产品的公司，提供专业顾问服务的公司面对客户时面临更为严重的信息不对称问题，其与客户之间签订的交易合同也更难以完备。因此，专业顾问公司的专业人士与管理者，只有在与客户（包括潜在客户）的交往过程中建立起信任关系，才能赢得客户发自内心的信赖，从而赢得"说话的权利"。《值得信赖的顾问》为专业顾问公司的专业人士和管理者提供了与客户建立起信任关系的相关思想、路径及方法。

——陆正飞

北京大学光华管理学院会计系教授，博士生导师

如果你是一位专业顾问，读《值得信赖的顾问》一书，你会获得某种专门的技巧、知识、方法和哲学思考；如果你不是一位专业顾问，读《值得信赖的顾问》一书，你可以推演某种普遍的技巧、知识、方法和哲学思考。也就是说，书中所讲的"顾问"，并不只属于特定的专业，还属于更为广泛的领域。所谓开卷有益，指的就是《值得信赖的顾问》这类图书。

——陈彩虹

中南财经政法大学特邀教授，博士生导师

大卫·梅斯特、查理·格林和罗伯特·加弗德三位专业服务人士，联袂著作《值得信赖的顾问》，出版逾20年依然广受好评，为各方读者喜欢，全球畅销百万册，这本身便说明了本书是值得信赖的。吴卫军和李东旭两位专业服务人士精心翻译的中文版，更是值得欣喜。两位华人专业服务人士翻译三位美国专业服务人士的专业著作，一定与众不同，更显文本精到、精准的经典特色。

专业服务机构提供专业服务，需要专业技能和专业态度，内赖专业人才的持续积淀，外需市场客户的持续信任，这涉及专业服务机构品牌力量的长期表现，断不是一蹴而就可成的。个人、公司与客户建立基于彼此信任的关系，本质上是彼此成长、彼此成就的持续过程。《值得信赖的顾问》提出了指导原则，并通过丰富的案例和经验展示，提供了实用有效的建议。这是一本管理学的专业图书，也有心理学、人际关系学在专业管理中的专业应用，可读可用，历久弥新。

——吕明方

方源资本（亚洲）有限公司合伙人

作为曾经的管理咨询师，今天在跨国和跨文化的运营与战略领域工作，身为高管教练，这是一本放在我案头的常翻常新的工具书。专业人士如何通过坚持专业，无缝配合信任的建立、维系和强化，从而超越一开始的纯谈事，到分享观点，到建立足够的心理安全感，再到可以挑战彼此的观点，由此迸发出更新颖、周全的方案和建议，探索出新的可能性，这本书提供了体系化的建议和工具。书中的思维方式和方法不仅对专业服务人士大有启发，也对任何需要快速建立信任关系的职场人有所裨益，甚至很多方法可以应用于读者的日常生活。

——邵晓琼

百特医疗药品部全球运营战略总监

"赢得客户的信赖"是服务过程中不可或缺的重要因素，也是专业顾问所需具备的关键能力。本书作者通过大量案例剖析，揭示了"与客户建立信任"的实用做法，适合各行各业的专业顾问学习与参考，是理论与实践价值兼备的杰作。

——张艳珍

中国对外服务工作行业协会秘书长

我对这本书抱有真诚的欣赏！从业多年，我赢得客户的信赖的方式与书中讲述的"道"是一脉相通的——高效的合作需要极佳的专业素养、敏锐的眼光、精准的洞见和判断力。如果你想成为一位有影响力且受人尊敬、爱戴的顾问，那么，赢得客户真挚的信赖必不可少。书中的例子真实、生动，解析则言近旨远、富有启迪性，能让读者真正地思索信任所能创造的价值和带来的人生满足感。

——宁宣凤

金杜律师事务所高级合伙人

信任是我们个人在社会上的立足之本，也是专业服务机构和行业发展的基石。人行越久，越是觉得建立和维护信任不易。本书理论和实践结合，通俗易懂，很多例子和场景让我颇有共鸣、茅塞顿开。

——金凌云

英格兰及威尔士特许会计师协会（ICAEW）中国区主席

德勤华东区市场与国际部主管合伙人

对每一位试图建立、保持和增进客户关系的专业咨询顾问来说，《值得信赖的顾问》都是一本必读书。我利用书中的指导原则和极为实用的建议重新审视了信任所代表的含义，并且把书送给了我的许多同事，建议他们也做这样的重新审视。出版 20 年后，《值得信赖的顾问》比以往任何时候都更具价值，它帮助专业顾问在纷纷扰扰中把握方向，我们可以用同样的方式帮助我们的客户。

——珍妮特·福蒂（Janet Foutty）

德勤美国董事会执行主席

这本书丰富的案例和经验将帮助我们与客户建立真正特别的信任关系。

——李瑞麒（Rich Lesser）

波士顿咨询公司首席执行官

《值得信赖的顾问》一书充满了高明的智慧与实用的建议，它提升了整整一代顾问的工作水平。我确信它将为世世代代的顾问带来无价的财富。

——凯利·格里尔（Kelly Grier）

安永美国主席兼管理合伙人、美洲区管理合伙人

多年来，《值得信赖的顾问》一直是弗雷斯特提供优质客户服务的指南。当我们于迷途中时，书中的智慧和坦率的剖析总是会一下将我们拽回正轨。这是我最喜欢送给客户的书，很高兴现在我有机会送出新版本。

——乔治·克罗尼（George Colony）

弗雷斯特研究公司主席兼首席执行官

梅斯特、格林和加弗德分享的框架简单易懂，提出的洞见论据充分，给出的行动建议切实可行，这些都能帮助一名专家成长为一位值得信赖的顾问。这本书历经时间的考验，对任何一位希望拥有更强工作关系（以及个人关系）的人来说都是不可错过的佳作。

——约翰·卡拉马里德斯（John Kalamarides）

保诚集团总裁

《值得信赖的顾问》对所有专业顾问（无论老少）而言都是无价之宝。以给别人提供建议为生的人都应该读读这本书。

——约翰·奎尔奇（John Quelch）

迈阿密大学莱昂纳德·米勒医学院讲席教授

如何成为值得信赖的专业顾问

　　大卫·梅斯特关于专业服务机构的管理思想与彼得·德鲁克的通用管理思想是齐名的。他与查理·格林和罗伯特·加弗德在 2000 年创作的《值得信赖的顾问》一书，是许多专业服务机构合伙人和员工必备的学习手册。我们推荐引进并一起翻译了这本经典著作，希望在中国的专业服务人士和他们的公司管理者能够吸收梅斯特、格林和加弗德关于专业服务人士自我提升的思想营养。值本书原著出版 20 周年之际，机械工业出版社投入资源，会同我们翻译纠错并更新，向读者呈现"20 周年纪念·更新版"，可谓对读者负责任的良举。这本书由两名"四大"合伙人认真翻译，希望是高质量的译作，也希望读者能从中体会我们的专业主义精神。

（一）

　　专业服务人士包括会计师、精算师、律师等，而专业服务机构包括管理咨询顾问公司、投资银行、人力资源咨询公司、公关公司、旅游公司、广告公司、设计公司、工程公司、房地产物业管理公司等。在哈佛大学学习"专业服务公司的管理"一课时，专业服务人士（同学）还包括来自鲜花店和葬礼公司的管理者。不论归属哪个行业，他们都为社会经济的高效率运转和质量的提升提供了专业服务。在为客户提供专业服务时，这些专业服务人士就是客户的专业顾问。事实上，在知识经济时代，只要是为他人提供服务和解决方案的知识型工作者，就是专业顾问。当然，也包括为公司内部服务的知识型工作者，他们是公司内部的顾问，他们服务的其他业务部门是他们的"外部客户"。所以，关于专业顾问这个话题，对许多公司内部的专业顾问也是适用的。

专业服务人士和他们所任职的机构常常无法区分，正如梅斯特所说，与其说专业服务机构销售给客户的是公司本身所提供的服务，倒不如说是某位专业服务人士（或者是由专业服务人士组成的团队）所提供的服务。因而，作者关于专业服务人士自我提升的思想也包括专业服务机构的管理思想。《值得信赖的顾问》这本书中的建议适合个人，也适合公司。中国的专业服务机构，服务中国经济的改革开放。代表这些专业服务机构的合伙人和高管，虽然有些在成长的道路上曾得到国际合伙人的指导，但大都是靠自己摸索着进步的。特别是在专业服务机构成长的中国第一代合伙人，没有人教他们如何做中国本土的合伙人，他们必须自己总结经验，然后传递给他们的下一代。梅斯特、格林和加弗德的书给我们带来的就是这种我们需要的关于如何做好专业顾问工作的经验汇总。

（二）

作者认为，做一名优秀的专业顾问，最重要的是和自己的客户建立信任关系，而建立信任关系的目的是为自己赢得"说话的权利"，这事关成为值得信赖的专业顾问的真谛。这本书就如何和客户建立信任关系，全面、系统甚至有点儿苦口婆心地讲解了建立信任关系的好处，以及每个级别的专业服务人士都可以借鉴的实用做法。建立信任关系，看上去是个十分简单的话题，但事实上要做到、做好是不容易的。作者也承认，虽然他们是十分资深的专业顾问，而且是在专业顾问行业工作的顾问（如同医生的医生），但他们也常常犯错。这说明，建立信任的道路永远没有终点，每一位专业服务人士都要常常询问自己：今天为客户关系的提升在增进信任方面做了什么？

这本书是围绕着对人性的观察进行创作的，它促使专业服务人士换位思考，让他们认识到要把解决问题的专业方案转移给对方，需要对方的接纳，需要考虑对方的背景和处境，需要考虑对方的情绪和环境，只有这样，专业服务人士才有实现"专业思想"价值的机会，才有机会成为值得信赖的专业顾问。一个全面发展的专业服务人士在其技能发展上，要"两条腿"走路：一方面，要不断提高自己的专业技术水平（强调"技术"两个字）；另一方面，要提升自己提供解决方案的专业服务水平（强调"服务"两个字）。前者意味着在专业领域如饥似渴地学习新知识，掌握新技能；后者，我们相信，专业服务人士认真学习和践行这本书中关于与客户建立信任关系的道理就是一个良好的开端。

（三）

专业服务人士和专业服务机构的使命是为他人解决复杂的商业问题，为社会运作营造诚信氛围、创造价值。如何让专业服务机构做得更好，让专业服务机构更好地服务日益发展的中国经济？

梅斯特指出，专业服务机构要在两个市场竞争：一个是客户服务市场，另一个是人才市场。在中国经济转型升级的高质量发展时代，市场对专业服务机构的需求越来越大。中国的经济体量大，市场有其纵深度，交易复杂。参与市场的企业，从微小到庞大，越来越多地需要支持它们发展和进步的专业服务机构。专业服务机构通过自己积累的经验，为客户的问题提供解决方案，让客户少走弯路，所创造的价值是客户支付的专业服务费的数倍。中国的经济体量大，大的经济体拥有能够分散"试错成本"的规模优势，而拥有好的专业顾问则能显著减少"纠错成本"。因此，专业服务行业的实力越强，大的经济体所能收获的成果就越大。可以说，从未像今天这样，中国专业报国、服务客户的道路那么多、那么宽，而"信任"是增加专业服务人士和客户服务市场黏度的"化学物"。

在两个市场中，梅斯特认为人才市场更加重要。对于这一点，译者非常认同。近几年，中国每年都至少有七八百万名大学毕业生进入劳动力市场，专业服务机构为他们中的一部分人提供了第一份工作。大学毕业生加入专业服务机构，在很大程度上是在继续学习，从在课堂上学习转变为在工作中学习。他们学习到更加深刻的专业知识和解决问题的项目管理经验，但更重要的是，他们在工作中成为专业服务人士，他们身上集聚了专业主义精神，体现为为客户的利益着想、关心团队成就和掌握自己职业发展主动权的勇气与决心。专业服务机构事实上是人才培养机构。专业服务机构每年招聘应届大学毕业生，其意义所在就是为社会培养专业服务人士，通过他们提升社会整体的专业主义精神——基于信任的为社会所尊重的工匠精神。

由于译者水平有限，而且我们都在会计师事务所工作，对其他服务行业的理解恐怕会比较狭隘，翻译中的错误在所难免，敬请读者谅解。然而，我们本身是专业服务人士，本着对作者（尤其是梅斯特）的敬佩之心，结合自己的工作经验，开展翻译工作，相信我们尽力传达作者思想的文字值得各位同行阅读。相信大家阅读之后，对于"如何成为值得信赖的专业顾问"的认识和理解会有比较大的提升。我们的这本翻译作品可以说注入了我们自身对"如何成为值得信赖的专业顾问"这一话题的精神追求。

阅读这本书，就等同于梅斯特、格林和加弗德这三位大师在你面前，给你辅导，外加两名"四大"合伙人给你翻译。读者要记住，做一名优秀的专业顾问，最重要的是和自己的客户建立信任关系，而建立信任关系的目的就是为自己赢得"说话的权利"。

吴卫军　李东旭

2023 年 11 月 1 日

大卫·梅斯特（David H. Maister）

世界公认的专业服务机构管理界的权威。在约 20 年的时间里，他为范围广泛的专业服务机构提供应对各类战略及管理问题的咨询建议。

大卫的服务覆盖全球，他将 40% 的时间花在北美，30% 的时间花在西欧，另外 30% 的时间关注其他地区。

大卫生于英国，拥有伯明翰大学、伦敦政治经济学院和哈佛商学院的学位，并在哈佛商学院担任教授 7 年。

他著有畅销书《专业服务公司的管理》（*Managing the Professional Service Firm*）（1993）和《专业主义》（*True Professionalism*）（1997），这分别是他的第 8 本和第 9 本著作。他的许多文章被翻译成欧洲主要语言（包括俄语），他的书被翻译成荷兰语、西班牙语、印度尼西亚语、朝鲜语、波兰语、塞尔维亚 – 克罗地亚语及汉语。

他现居美国马萨诸塞州波士顿。

查理·格林（Charles H. Green）

以如何在复杂的商业环境和专业服务机构中建立信任为课题提供演讲和高管培训服务。查理曾经在西北大学凯洛格商学院和哥伦比亚大学商学院教授高管培训课程，并通过他创立的 Trusted Advisor Associates 这一机构开展独立教学活动。

除了《值得信赖的顾问》一书，查理还出版了《基于信赖的销售》（*Trust-Based Selling*），并与安德莉亚·豪（Andrea Howe）共同出版了《值得信赖的顾问实战手册》（*The Trusted Advisor Fieldbook*）。

查理毕业于哥伦比亚大学和哈佛商学院。他职业生涯的前20年服务于捷米尼咨询（Gemini Consulting）以及它的前身MAC集团（MAC Group），其间他的工作职位包括战略咨询顾问、战略规划副总裁。他是Trusted Advisor Associates的创始人和前首席执行官。他现居于美国佛罗里达州博卡拉顿。

罗伯特·加弗德（Robert M. Galford）

现任领先组织中心（the Center for Leading Organization）管理合伙人，在教授管理教育课程的同时，与高管在战略、组织和领导力交叉领域展开合作。他的主要研究方向包括专业和金融服务、医疗保健、文化与教育等。

罗伯特在哥伦比亚大学商学院、西北大学凯洛格商学院和哈佛大学设计学院教授高管课程多年，在这些学术机构担任高管教育领导力研究员。他同时在美国企业董事联合会担任顾问。

罗伯特曾在柯蒂斯律师事务所（Curtis, Mallet-Prevost, Colt & Mosle）从事律师工作，并且曾在花旗公司（Citicorp）从事投资管理工作。他曾是捷米尼咨询以及它的前身MAC集团的合伙人，也曾是Digitas的首席人才官。

除了《值得信赖的顾问》一书，罗伯特还与人合作出版了3本著作，《值得信赖的领导者》（*The Trusted Leader*，与安妮·德拉珀（Anne Drapeau）合著）、《你的领导力遗产》（*Your Leadership Legacy*，与雷吉娜·马鲁卡（Regina Maruca）合著）以及《谁在团队搞破坏？》（*Simple*

Sabotage，与鲍勃·弗里希（Bob Frisch）和加里·格林（Cary Greene）合著），并长期在《哈佛商业评论》以及其他商业期刊上发表文章。

罗伯特是弗雷斯特研究公司的独立董事和薪酬委员会主席，并担任 Shepley Bulfinch 建筑设计公司的外部董事顾问。

罗伯特的教育背景包括在意大利都灵胜利高级中学就读；在美国哈弗福德学院获得经济学和意大利文学学士学位；在哈佛商学院获得工商管理硕士学位；在乔治城大学法学院获得法学博士学位，其间他还担任《税务律师》(*The Tax Lawyer*) 的副主编。

吴卫军

德勤中国副主席，英国特许公认会计师公会（ACCA）资深会员，北京交通大学兼职教授，在香港、上海、纽约、悉尼、北京和伦敦等地向金融行业的客户提供专业顾问服务超过 30 年。著有《资本的眼睛》（代表作）和《走在会计发展和银行改革的前沿》，译有《银行管理要义》《专业服务公司的管理》《专业主义》。

李东旭

安永中国合伙人，英格兰及威尔士特许会计师协会资深会员，格拉斯哥大学客座讲师。在财务咨询、资本市场鉴证业务领域拥有超过 15 年的专业服务经验。著有《你是一桩独一无二的生意》，编著《中国生命科学与医疗健康行业展望》《穿越周期 拨云见日》等。

　　时间回到 1995 年，罗伯特和查理接到德勤的邀请，参与一个大型管理人员培训项目。在第一场培训开始的前一天晚上，项目负责人约翰·巴克告诉罗伯特和查理第二天的培训有半个小时的空档，问他们"能否利用这半个小时的时间随便讲讲'值得信赖的顾问'这个主题"。

　　罗伯特和查理欣然同意。他们第二天的分享获得了非常好的效果。于是，主办方问他们是否可以在下一场培训中做同样的主题分享，而且"最好能讲上一个小时"。在下一场培训中，分享时间变成了两个小时。一位参加培训的管理人员向他们提出了建议："我想你们也许可以写本书。"罗伯特和查理都认为这是个很棒的建议，于是很快开始整理材料。

　　一开始，出版商和图书代理商对他们所写的这本书并没有多大热情。当时风行的商业畅销书是《从优秀到卓越》，书里面有大量数据做支撑，而他们所写的这本书分享的更多是"门道"。

　　随后，罗伯特结识了大卫·梅斯特。彼时，大卫已经出版了 9 本著作，其中 3 本的主题是专业服务。大卫告诉罗伯特："我正在构思的下一本书跟你们的想法不谋而合，不如我们一起来完成它吧。"大卫于是把他的出版商（西蒙与舒斯特）介绍给了罗伯特和查理，三人就此开始了合作。

　　因此，与其说《值得信赖的顾问》是有心栽花之作，不如说完全是无心插柳之作。大卫此前专注于专业服务领域，对他来说，写作这本书是进一步探索他所耕耘领域的一次绝佳机会；对查理和罗伯特来说，在从事了约20年咨询和专业服务后，能够把自己的经验与人分享（并同时写出第一本书）是一件让人心旷神怡的差事。回头看，我们当中没有谁会认为由3个人同写一本书的方式会比其他方式更容易，但这种写作方式的确为这本书带来了更多、更丰富的实例，并促使我们不断相互验证彼此的想法。

如果当初不是约翰·巴克提议，如果罗伯特没有碰巧跟大卫相识，以及如果其他许多巧合中的任何一个没有发生，这本书就不会存在。当然，也许会有另外一个人写出类似的书，毕竟"值得信赖的顾问"这种说法由来已久，并且在当时已经作为广告语得到广泛使用。但无论如何，我们始终相信，这本书之所以一经问世便如此打动人心、广受好评，是因为"值得信赖的顾问"这个短语在直觉上是如此吸引人，但长久以来却少有人肯花力气认真研究它之所以吸引人的原理和作用机制。

虽说是无心插柳之作，但当时我们3个人对这本书应该写成什么样有非常一致的意见。最重要的是，我们希望这本书根植于常识，即更多地着眼实践而非理论。正因为如此，我们在书中着力分享的各种清单（大卫的主意）成了这本书最吸引人的特色之一，很多读者也是这样告诉我们的。

这本书中最广为人知的是所谓的"信任等式"，这个等式在形式上受到了一家早期咨询公司的启发，我们在其基础上为等式注入了我们自己所掌握的丰富内涵。用简单的数学语言描述较为抽象的概念这一做法，后来证明非常受读者欢迎。

读过这本书的人，最常见的评价简单概括来说就是："我好像早就知道书里所讲的内容，或者有类似的想法，但是我从没见过有人把这些内容如此清晰地描述出来。书里讲的都非常合情合理，合情合理到我会不解为何以前自己没有这样去做。这本书就像一张地图，我可以马上行动起来。"

其实，我们收到了各式各样的对这本书的反馈。一位首席执行官告诉我们："你们让我的组织脱胎换骨。"很多人说这本书帮助他们更好地处理了工作之外的私人关系。还有很多人发现，对于那些需要面对客户的岗位而言，这本书的价值在于，它能帮助人们构建起一种共通的语言和文化，以此来打造更佳的协同效应。有更多的人通过不同的措辞表达着同一个意思，那就是"这本书帮助我改变了看待客户关系的方式，也改变了我与客户打交道的方式"，例如，他们说他们更愿意去倾听，他们掌握了增进信任的多种方法，他们改变了拓展业务的手段，他们能够更有耐心、更客观地思考客户的需求。所有这些反馈都让我们欣慰不已。

时间快进 20 年，在《值得信赖的顾问》销售了不止几十万册的今天，我们意识到当年的工作的确触及了一些特别的东西。同时，我们意识到与我们刚动笔时相比，当今世界已经发生了天翻地覆的变化。

这让我们想起阿根廷作家豪尔赫·路易斯·博尔赫斯最著名的短篇小说里的那位主人公，一位生活在 20 世纪，立志写出当代最伟大作品的作家。这位作家认为塞万提斯的《堂吉诃德》是当下最伟大的作品，于是他决定重写《堂吉诃德》——真的是一字一句地"重写"。

但是当完成写作的时候，他意识到，经过了约 4 个世纪，当时这部伟大作品写就时的历史情境所赋予作品的意义与当代已经完全不同，因此他所写的《堂吉诃德》与原作也不可同日而语。就这样，这位作家写出世上最伟大作品的计划泡汤了。

冒着将自己跟大名鼎鼎的作家做比较的风险，我们要说，如今的新版本和 20 年前我们初次完成时的那本书不是同一本书了——所处的环境已经发生了变化。

具体来讲，如今数字化已经到来，对我们产生了既深远又细微的影响。

为了使读者有个概念，我们举一些例子。当《值得信赖的顾问》在2000年首次出版时：

- 马克·扎克伯格还没上大学，4年后他才会在哈佛大学的学生宿舍里创立Facebook。
- 一个叫作谷歌的小公司在2年前刚刚成立。
- 距离第一款iPhone的问世还要等上7年时间。

哪怕数字革命从根本上改变了我们的商业，也不足以准确真实地反映数字化浪潮给人们带来的影响。再看下面这些例子。

- 在商业关系中，我们可以获得和使用比以往多得多的信息。参与商业活动的每一方在最初打交道时都因无处不在的信息而比以前更加"聪明"。这实则影响着双方关系的发展、决策的过程，以及相互影响的方式。
- 沟通渠道从电话、语音信箱、传真和书信变为一切数字化的工具。
- 大数据、搜索、人工智能和云计算彻底改变了销售、市场营销、广告和购买过程。
- 科技本身迅速发展成巨大的产业，由此诞生了新的客户和咨询顾问。
- 社交媒体几乎影响着商业乃至生活的方方面面。

上面的每一个例子都对"值得信赖的顾问"的内涵具有潜在的影响。我们原本设想单独列出一章来专门就数字化展开讨论，但是最终选择将它的具体影响嵌入原来的结构。这一决定表明了我们对数字化的观点，即虽然数字化对"值得信赖的顾问"这一内涵的影响广泛，但并未根本性地改变人际信任的基础和作用机制。我们面临的挑战不是让人际信任去适应数字化社会，而是让数字化契合人际信任的建立。

但是，数字化并非唯一促使外部环境发生改变的因素。

这本书的受众也发生了变化。我们当初写作的对象是咨询顾问、律师、会计师以及其他专业服务人士。现如今，商业领域中顾问这一角色已经远远超出传统专业服务的范畴。例如，曾经被称为"技术支持"的团队如今已经转变成更大、更具战略意义的事业部。全新的组织单位，如客户成功团队，已经变得随处可见。那些从事团队管理的人发现基于信任的顾问关系对指导者、教练、员工和领导力的发展意义非凡。无论是团队教练还是财务顾问，都能从这本书中收获良多。不用说也知道，我们对这本书拥有新的读者群感到非常欣慰。但同时，这也让我们思考，还有多少潜在读者可以从这本书中获益。为此，我们在这次再版时涵盖了各个领域的有用实例，并打磨我们的措辞，让这本书变得适用于更多潜在读者。

商业关系的本质同时发生了改变。20年前，等级明确的组织和领导结构盛行，并影响着各方之间的互动。今天，扁平化的商业关系无论在组织内还是在组织间都更加流行。领导力不再只是胜任力和个人魅力的体现，而更多是影响他人的能力。正因为影响他人的能力是成为"值得信赖的顾问"这一角色的关键核心，商业关系由等级制向扁平化的转变恰恰使得我们这本书在当今社会更具现实意义。

读者的人口学特征也在变化。2000年时，本书初版的典型读者很可能是一名出生在1965年左右的35岁男性。到了2020年，本书的读者则可能更接近30岁的年纪，也就是说出生在1990年左右，而且读者的男女比例更加均衡，这反映了专业服务行业本身性别比例的平衡。1965

年到 1990 年，这中间有 25 年，整整一代人的差距。这种差距在文化上的意义同样重大。对初版的读者来说，约翰、保罗、乔治和林戈是他们生活的一部分，现如今，披头士乐队的成员们则已经属于历史上的人物。

考虑到以上这些变化，这本书仍然能取得这样的成绩，我们心满意足。这本书的销量在过去 20 年间一直保持惊人的稳定。个中缘由，我们猜部分原因是前面所描述的读者群的不断扩大。而且我们相信，这次再版针对潜在读者所做出的内容补充将使这本书取得更好的成绩。同时，因为这本书尤其适合处于职业生涯中期的专业顾问，我们有理由推断相信，我们所面对的读者群会不断地"传承"。不止一位读者告诉我们，这本书是由他们的父辈推荐给他们的，因为他们的父辈曾在与他们同样的职业生涯阶段读到这本书，并从中获益。

当我们和读者提到再版这本书的想法时，他们非常明确地告诉我们，如果要对内容进行升级，我们必须用这一代人的语言，讲给这一代人听。我们欣然接受这个建议。这就意味着要删减初版中的一些内容，比如提到科伦坡中尉的那一章（不要问我们科伦坡中尉是谁）或是书中提到传真机的地方（不要问我们传真机是什么），修改人称代词的使用。此外，修订过程中还有许许多多其他需要注意的事项，比如要下功夫为一些内容找到不同的方式去解释，要在某些地方加入一些细节，要在某些地方删减一些叙述，等等。

直到我们开始这项"工程"时才意识到另外一个挑战，来自对"信任"这个词本身的理解。在 20 年前，商业领域中的"信任"泛指人际信任，其中就包括顾问与客户间的信任关系。

但人际信任并非唯一的信任类型。比如，还有机构信任，这种信任存在于我们所说的"比起 Facebook，我更加信赖苹果"或"对于刑事司法体系的信任度降低了"。

相比 20 年前，在当今的商业或社会环境中，人们更多地探讨机构信任。更多的客户开始问我们："如何让我们的公司变得更让人信赖？"在这种语境中，"信任"一词与"品牌"或者"声誉"产生了交集。

我们也发现，"信任"一词越来越多地与数据安全和隐私联系在一起。最能说明问题的例子也许来自弗雷斯特研究公司对网络安全提出的"零信任"模型。简单来说，这一模型提出，最值得信赖的数据化网络应该对个人采取零信任，因为对个人的信任意味着风险，而网络安全的目的即杜绝风险。可以看出，无论采用何种定义，信任都意味着冒险。这种显而易见的矛盾正凸显了"信任"一词在现如今的语境中的多重内涵。

这些语义学上的复杂情况要求我们在使用"信任"一词时，要极为精确地定义信任对我们意味着什么。

需要明确的是，这本书所讨论的"信任"主要是人际信任，而非机构信任。当今社会人际信任所占据的公共空间相对减少，在商业对话中所占比重相对降低，但这并不意味着它的重要性受到影响。如果要说有任何变化，我们恰恰觉得人际信任比以往更加重要了。

如今，由于自动化的普及和网络信息的即得性，我们花在面对面沟通上的时间不断减少。在这种情况下，很容易会得出结论——我们不再像以前一样需要人际信任了。但是，在商业关系的某些阶段，在现实世界与交易对手实际接触这一需求并未消减。

当我们寻求建议时，当我们要向对方做出重要承诺时，我们通常会希望对方是我们"认识"的人，因为这样我们才能对对方具有一定的信任。我们希望对方能够负责任，我们希望更了解对方的为人，我们不光想要知道对方的名字，我们还想要把他的长相、他的内涵、他的价值观与他的名字紧密联系起来。

当人际互动变少时，我们会比以往更加看重尚存的接触机会。在这一层意义上，人际信任实际上变得越发重要。

关于这本书对"信任"的定义，还有重要的意义。自 2000 年起，关于"信任"的研究和商业文章出现爆发式增长。这些研究和文章中的大多数仅把"信任"当作既成事实来对待，却没有揭示信任是如何产生的。这在实践当中引发了很多困惑。

问题在于，不论是人际信任度还是机构信任度，当我们说"信任度降低"时，原因是其中一方的可信度降低了，还是另一方的信任意愿降低了？仅仅对信任度降低这一结果进行观察，无法让我们知晓问题的根源，因而不能在实践中解决任何问题。

举个例子。如果我们听到有人说"人们对银行的信任度降低了"，不管得出这一结论的统计研究多么缜密，仍不能回答一个基本问题：人们对银行信任度的降低是由于银行本身变得不如以往值得信任，还是人们不再愿意信任银行？如果我们讨论的是富国银行，站在 2020 年这一时点来说，问题更多出在这家银行身上。

让我们来看另外一个例子。在美国，暴力犯罪数量在过去 20 年间显著下降，但与此同时，人们对于暴力犯罪的恐惧感却与日俱增。对于这一事实，问题在于人们的认知，即不愿意去相信暴力犯罪数量下降这一事实。

如果我们仅对"信任度"进行衡量，那就没有办法解决实践中无法回避的实际问题：信任度的降低是由于对方的可信度降低，还是自己的信任意愿降低？由于这本书的宗旨就是着眼实践，解决这一实际问题对我们来讲尤为重要。

出于以上这些原因，我们对于信任的定义特意区分了信任感、可信度和信任他人的行为这三种不同的对象。在我们看来，"信任"是两个人之间的一种关系。当其中一方冒着风险去信任另外一方，另一方用行动证明他值得信任时，信任就增加了。

有志于成为值得信赖的顾问的人，常常容易把精力全部放在提升自己的可信度上，而忽略了信任他人的行为，这样做实在不足取。对一名销售人员来说，"积极地等待电话铃响起"绝非一个好策略。同理，信任的建立也是如此。如果你想要建立信任，就必须学会在两个人的关系中扮演积极主动、愿冒风险的角色，无论你是被信任的一方还是将信任交付给别人的那一方。

当我们回顾这本书问世以来走过的第一个20年时，并斗胆奢望它的下一个20年时，有一件事在我们眼前无比清晰，就像有首歌里唱的，"任凭时光流逝，真实永恒不变"。科技在改变，市场和组织在改变，人群、商业和沟通媒介在改变，但人类的情感是永恒的，其中就包括人际信任。我们尝试拨冗去繁、去伪存真，并有信心将最真实、最有力的声音呈现出来。

我们对陪伴这本书一路走来的老读者心怀感激，也欢迎第一次打开这本书的新读者，希望你们都能从我们焕然一新的书中受益。

大卫·梅斯特，马萨诸塞州波士顿

查理·格林，佛罗里达州博卡拉顿

罗伯特·加弗德，马萨诸塞州康科德

作为本书的共同作者，我们三人在从事咨询专业领域工作（包括对其他专业人才提供咨询服务的顾问工作）的过程中，书里所讲的每一个错误我们都犯过，书中给出的每一个建议我们都违背过。如果这本书中隐藏着些许智慧，那都是我们三人通过艰辛的亲身经历学到的。

传统的教育模式让我们每个人都受益良多，但是课本里教授的知识并没有让我们准备好在真实的世界中有效地为客户服务。在不断的摸索中，我们逐渐懂得，成为一名优秀的专业顾问不能只是把好的建议提供给客户。要成为一名优秀的专业顾问，还需要掌握很多其他技巧。这些技巧在书本上学不到，却是成为一名成功的专业顾问的关键。

更为重要的是，如果不能赢得客户的信任，使他们愿意跟你分享他们正面临的棘手问题，一名专业顾问连使用这些技巧的机会都没有。没有人告诉我们如何去赢得别人的信任，但我们必须摸索着学会赢得他人的信任。

多年来，罗伯特·加弗德和查理·格林以"值得信赖的顾问"为主题，为许多全球著名的专业服务机构举办讲习班、研讨会以及各类培训项目。与此同时，大卫·梅斯特致力于专业精神、咨询服务、客户关系及相关话题的顾问和写作工作。我们三人在为同一个会议做主题讲演时相识，并很快意识到，我们各自握有拼图的一角，当我们聚到一起时，一个完整的画面便可以呈现在大家面前。

本书试图呈现这样一个主题，即专业顾问成功的关键，不仅在于在自己精通的领域掌握高超的专业技能（当然，这是成功的基本条件），更在于要有能力与客户共事，通过与客户的合作赢得信任，增强他们对于合作的信心。

因此，我们把这本书献给那些有志于成为专业顾问的读者，以及那些已经身为专业顾问，但是仍然希望在工作中进一步与客户建立信任关系的专业人士。本书的读者对象是各类专业顾问行业中的从业人员，包括咨询、会计、法律、工程、公关、人力资源、保险经纪、投资银行、建筑以及类似行业。我们之所以针对这些行业，是因为这些是我们所熟悉的领域。

但是，我们希望其余在企业或其他组织内部就职的，需要面对客户和从事项目的职场人士，也能从本书中找到与他们工作息息相关的内容。

信任是在人之间建立起来的。当然，它也可以建立在组织之间、团队之间，以及任何形式的群体之间。本书的重点则是信任最主要的一面，那就是发生在"专业顾问"与"客户"之间的信任关系。

胸怀大志的专业顾问投入大量的精力去提升他们的商业技能，包括在专业领域钻研、不断积累经验、拓宽知识面和建立人脉关系。完成这些积累需要付出巨大的努力。但是，很少有人花足够的心思去思考如何与客户建立信任关系，他们所在的机构也很少提供相关的指导。很多专业顾问不知道如何思考或检验他们与客户之间的信任关系。

遗憾的是，专业顾问与客户之间缺乏信任的情况比比皆是。客户越来越频繁地对顾问公司开出的账单锱铢必较，对顾问公司发生的差旅开销析毫剖厘，质疑项目人员构成，询问完成各类任务所需花费的时间。客户常常在内部讨论的初期将律师、会计师、咨询师及其他专业顾问拒之门外，因为在他们眼里，专业顾问所能扮演的角色十分有限。客户更是常常要求专业顾问提供详细的工作进度报告，以便时刻监控他们的活动。

这真是今非昔比！曾几何时，客户仅仅因为专业顾问身上的职业光环就会无条件地信任他们。那时，客户从来不会怀疑专业顾问可靠的人品和名声，双方握手成交，对彼此充满信心。卓越的企业和机构在对信任充满自然期待的土壤里诞生、成长。

虽然昨日无法重现，但对信任的需求并没有消失。现如今，专业顾问必须在整个职业生涯中付出努力，去赢得（和保持）他们与客户之间的信任关系。

针对如何与客户打交道的各种主题，本书的作者面向各行业的专业顾问举办过难以计数的讲习班和研讨会。在这些交流和研讨活动中，我们最常被问到的问题是：

1. 如何才能更多地获得与客户见面的机会？

2. 如何使我的客户愿意把他的同事介绍给我？

3. 如何进行交叉销售？

4. 如何避免被人贴标签，让人觉得我只能在自己的专业领域有所贡献？

5. 遇到不属于我的专业领域的问题时，我应该怎么办？

6. 如何才能使客户不对价格斤斤计较？

7. 如何使客户以平等的态度与我合作？

回答这些问题以及很多类似的其他问题，需要遵循一个相同的前提：赢得客户的信任！没有这个基础，以上任何一个问题都无法得到解决。以上这些问题无疑都要求客户为我们做些什么，或为我们提供便利。我们相信只有当客户信任我们时，他们才会更愿意给予我们希望得到的东西。

我们深信，赢得信任是一个可被管理的过程，并且能够得到不断改善，但这并不意味着我们需要对专业顾问与客户之间的关系进行盲目的机械化分解。

在本书中，我们提出一种全新视角来看待专业顾问与客户的信任关系所具有的重要性和潜力，并展示如何运用信任关系来获得相应的回报。我们将信任视作一个有始有终的过程，它随时可能被破坏但也充满着被改善的可能，它随着时间的流逝和经验的积累而变得充实具体。因此，我们既分析信任本身，也分析信任在客户关系演变过程中建立的过程。

我们还会探索所谓的"值得信赖的顾问"所表现出来的核心能力，规划一条建立信任的路径，揭示通过这条路径达到成功彼岸所需要锻炼出的心态和建立起来的行为模式。我们能帮助你评价现有客户的信任关系，向你展示如何成为更值得信任的人，并让这种特质在客户面前大放异彩。

信任和顾问这两个词从字面上看并不复杂，但是它们在多个层面蕴含着复杂性。本书将从不同的角度探讨这些内涵。

这本书的结构就像一个沙漏，第 1 部分和第 3 部分开放而多样，第 2 部分则聚焦主题、协调紧凑。

第 1 部分中的章节包含诸多行业逸闻、建议和实例。我们希望借助这些故事，使你对那些能够赢得客户信任的专业顾问所必须关注的命题、概念和技能做出思考。

在第 2 部分的章节中，我们试图围绕本书的主题建立一个框架，通过严谨的方法和叙述来揭示本书所讨论主题的核心。

第 3 部分的章节则是具体的应用之道，它建立在第 1 部分和第 2 部分之上，着重于对前两部分提到的概念和技巧的实际应用。

你会很快发现我们喜欢使用各种清单。用清单的方式阐述问题不仅能使我们把信息简明扼要地传递出去，还能使作为读者的你有机会根据自己的想法和经验对它们进行反思与修改。

为了方便读者，我们把所有书中提到的清单都放在了附录里。你会发现，可以用下面三种方式中的任意一种从这份附录中获得帮助。

1. 在阅读本书的正文前，先快速略读一遍附录。这样做将使你对本书所涵盖的内容和脉络有大致的了解。

2.使用附录中的清单迅速找到你特别感兴趣的话题，然后直接跳到相应章节展开阅读。

3.在阅读完全书后，把附录当作快速索引，并且根据自己不断积累的经验对清单进行修改。

让我们通过阅读全书概览的方法直奔主题，先对我们提出的"值得信赖的顾问"这个概念做出定义，并探讨成为值得信赖的顾问将有何回报。

接下来，我们将焦点放在值得信赖的顾问所需的三种基本技能上（见图 P1-1）：①赢得信任；②有效提供专业建议；③建立关系。

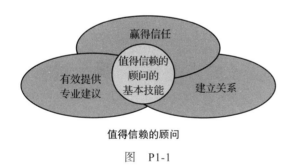

值得信赖的顾问

图　P1-1

然后，我们探讨对成为值得信赖的顾问而言至关重要的态度和思维习惯。

最后，我们对"建立信任是靠技巧，还是靠以诚相待（或者两者皆然）？"这个问题展开讨论。

第 1 章

全书概览

让我们用一个具体的问题开始这一章：如果你的客户对你信任有加，你将获得哪些回报？

下面是我们列出的清单。你的客户对你越是信任，他们越是会：

1. 向你征求意见。

2. 更倾向于采纳你的建议并采取行动。

3. 邀请你参加更为重要、复杂或关乎企业战略的问题讨论会。

4. 像你希望的那样对待你。

5. 尊重你。

6. 与你分享更多的信息，从而帮助你为他们提供更高质量的服务。

7. 对你的收费不抱怀疑的眼光。

8. 把你介绍给自己的朋友和商业伙伴。

9. 减少对你的工作施加的压力。

10. 相信你是正确的。

11. 在你犯错误时原谅你。

12. 在需要时为你申辩、保护你，哪怕对方来自他们自己所在的组织。

13. 提醒你远离危险。

14. 更加放松地同你打交道，也允许你采取更加放松的姿态。

15. 在他们刚刚发现问题时就向你寻求帮助（甚至把第一通电话打给你），而非等到事情发生之后才想到你。

16. 相信你的直觉和判断，包括对你自己的和他们的同事的评价。

这样的客户关系是我们每个人都希望拥有的！这本书就是要告诉你如何去做才能获得这些回报。

你会对这份清单做怎样的修改？要添加些什么内容或者删掉其中哪些内容吗？

接下来，让我们看下面三个问题：

● 你的身边有你信赖的专业顾问吗？在你面对至关重要的商业、职业或个人决策时，你是否会向他寻求建议？

● 如果你身边有这样一个人，他的身上都有哪些特质？

● 如果没有，你会根据什么样的特质来选择一个人成为你信赖的专业顾问？

在我们眼中，值得信赖的顾问通常具有以下特质。他们：

1. 看上去好像可以毫不费力地理解我们，并且跟我们处得来。

2. 始终如一，让我们可以依赖他们。

3. 总是能够帮助我们从全新的视角看待问题。

4. 不会试图将他们的想法强加于我们，而是让我们做出决定。

5. 帮助我们对问题进行充分考虑。

6. 不会用他们的判断来取代我们自己的判断。

7. 不会紧张兮兮或过于激动，总是能保持冷静。

8. 帮助我们真正地思考，避免我们把情绪和理性的逻辑混淆。

9. 温和地、充满善意地对我们提出批评建议，帮助我们改进。

10. 直言不讳，因此我们不必担心他们会对我们有所隐瞒。

11. 目光长远，比起眼前的问题，更重视与我们的长期关系。

12. 让我们知其然，更让我们知其所以然，帮助我们独立思考问题。

13. 给我们不同的选择，帮助我们增进对不同选择的理解；提出他们的建议，但最终把选择权留给我们。

14. 质疑我们的假设，帮助我们甄别那些我们一直奉行但是错误的假定。

15. 认真严肃地对待工作，但让我们感到轻松自在。

16. 在我们面前是有血有肉的人，而非只是扮演他们的工作角色。

17. 坚定地站在我们这一边，总是把我们的最大利益放在心上。

18. 不需要参考笔记也能记得我们对他们讲过的事情。

19. 永远表现得正直体面，不会在我们面前议论他人；我们相信他们所秉持的价值观。

20. 会用类比、参考逸闻和讲故事的方式帮助我们认清具体问题和前因后果（因为真正前所未有的问题少之又少）。

21. 在困难局面之中能够用幽默化解紧张气氛。

22. 聪明机智（有时，这样的机智是我们所不具备的）。

你会对这份清单做怎样的修改？会增加什么或删减什么吗？

"你希望别人怎样对待你，你就应当怎样对待别人"，依照这个早已有之的道理，我们可以说（或者至少可以推测）你所希望的清单，应该与你的客户所希望的清单相差无几。

所以，如果你希望客户把你当作他们可以信任的专业顾问，那你就应当尽可能多地达到这份清单中的要求。

　　试着问一下自己：上面的哪些特质是我的客户认为我具备的？注意，不是你的想法，而是你的客户的想法。如果你怀疑自己还没有展现所有这些特质，你该做些什么来对每一个特质做出改进？这本书正是试图回答这个问题。

　　这本书并不仅仅要展示那些具备这些特质、富有经验的专业顾问在赢得客户信任后所能得到的巨大回报。事实上，当你开始赢得客户的信任时，早期收益不仅是巨大的，而且是立竿见影的。赢得信任的能力是可以通过训练后天习得的。我们将尝试在接下来的章节里展现这条通往成功的路径。

|第 2 章|

何为"值得信赖的顾问"

没有人天生就是被人信任的顾问,但赢得信任是许多专业人士的目标。在开始职业生涯时,我们通常以专业服务提供者的角色,运用我们的专业技能为客户完成特定的或一次性任务(见图 2-1[⊖])。在这个过程中,

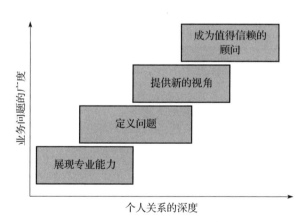

图 2-1　顾问 – 客户关系的演变

⊖　部分受此启发:Robert B. Miller and Stephen E. Heiman with Tad Tuleja, *Successful Large Account Management*, Henry Holt, 1991, p.56。

我们也许会有出色的表现,充分展现我们的专业能力,但我们的工作范围受到限制。在这个阶段,我们的角色在本质上是一个强大的数据库,对客户的问题提供专业答案。当这种基于专业知识的支持在网络上越来越容易获得,自动化程度越来越高时,更进一步的能力变得越发关键。

在展现专业能力的基础上,客户有可能觉察到我们在原本的专业领域之外还具备一些其他能力。而且,我们开始注意发展定义(并解决)更具普适性的问题的能力,而非仅仅基于我们的专业领域给出答案。正如大卫所言,"真正需要解决的问题往往不是客户在第一次会议中提出的那个问题"。

例如,一家便利店连锁集团曾因为超过 100% 的店长流失率找到查理进行咨询。客户希望查理能够帮助他们设计更好的招聘标准,让员工的供职时间增加到令人满意的水平。

实际上,这家由退役军人管理的连锁集团每月都会对店长使用测谎仪,以确保没有"货品损失"(也就是偷窃)。这种做法适得其反——在经历过几次测谎仪测试后,有些店长会认为既然什么都没有查出来,那肯定是有人做了不该做的事却没被发现,因此他们也打算试试运气,结果被抓个现行。这种事实进一步证明了测谎仪测试的必要性,结果造成了"自我实现"的循环。不用说也看得出来,"问题"根本不在于客户一开始认为的"招聘标准",而在于客户在管理上的某些做法。

与客户一起定义问题是通向与客户一起实现共同价值的大门。客户会越发重视我们在这方面的能力,让我们先帮他们定义问题再去着手解决问题,也会在其他领域寻求我们的帮助。

在第三个层次上,客户也许会在与我们专业领域相关的宏观战略问题上征求我们的意见,但客户对我们的期望却不会仅仅局限于此。在客户眼中,我们不仅仅具有专业领域的技术能力或定义、解决问题的能力，还会被视为有价值的资源，能够帮助他们更全面地思考问题，为解决问题提供新的视角。我们开始主动地提供建议，在他们的组织中发现问题。

顾问－客户关系的最高层次，则是我们成为值得信赖的顾问。在这种情况下，几乎所有的问题，无论是私人的还是专业的问题，都可以拿来探讨。值得信赖的顾问是那些当客户发现问题时第一个想到向其寻求帮助的人。而且这样的请求往往来自紧要关头，比如在危机之时、在变革当中、在凯旋一刻或在挫折面前。

在这种情况下，要克服的困难不再仅仅被视为业务或组织内部的问题，还需要从个人维度来考量。在最高层次，成为值得信赖的顾问意味着需要将自己的专业能力与人际交往技巧和组织、机构的适应能力有机结合起来。信任不会仅仅因为时间流逝而"产生"，通常需要一些个人勇气——有勇气去提出解决棘手问题的意愿和技巧，有勇气去表达同情和理解，有能力去真正面对不同的、富有挑战性的议题。

图 2-1 中所描绘的这些关系层级涉及业务问题的广度和个人关系的深度两个维度。业务问题的广度是指顾问得以介入的问题所涵盖的范围，个人关系的深度则是指在何种程度上客户允许顾问去解决他们在问题当中的个人诉求。

以上这些分析并非意味着处在第一层次的专业顾问有什么不对。事实恰恰相反。我们平日里的大多数时间都是花在前两个层次的工作上的，只有很少一部分时间可以真正在第三层次和第四层次上大展身手。重要的不是花多少时间在什么层次上，重要的是能够在必要时实现不同层次间快速轻松的转换。

图 2-2 展示了另一种看待顾问－客户关系演变的方式。它使用了与图 2-1 相同的两个维度：业务问题的广度和个人关系的深度。

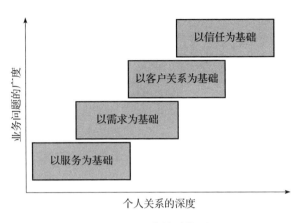

图 2-2 四种关系类型

营销人员喜欢将客户与专业顾问的关系分为三类，分别与三种赢得业务的方式对应，它们是：建立在服务（和产品）（经常被简化为"功能和作用"）基础上的关系，建立在需求（经常被称为"解决方案"）基础上的关系，建立在客户关系基础上的关系（不仅强调与客户的密切关系，而且强调在组织层面落地方案时的顺畅程度）。

我们认为这种区分很有道理，但是结论有所不妥。正如我们上面分析的，有时以产品和服务为基础的互动最为合适，有时以需求为基础的互动更显优势，有时也有可能某种特定关系对解决问题而言是不合时宜的。

更重要的是，我们感到在这三种关系之外还存在第四种关系类型，那就是建立在信任基础上的关系。这一类型的关系与其他三种关系的不同之处在于它更多涉及人的因素，展现了在建立关系中人际交往、个人因素所起的作用。

表 2-1 总结了图 2-2 所示的不同关系基础所对应的顾问工作特点。每一种类型的关系所对应的关注点、时间和精力的用途、客户得到的以及评价对象等方面都有所不同。

表 2-1 不同关系类型的特点

	关注点	时间和精力的用途	客户得到的	评价对象
以服务为基础	答案、专业见解、贡献	解释说明	信息	及时、高质量的方案
以需求为基础	业务问题	定义、解决问题	解决方案	问题得以解决
以客户关系为基础	客户机构	提出见解	观点、想法	回头客
以信任为基础	以人为本的客户观	把客户当作普通人去理解	化解棘手问题	顾问与客户的双赢

极致的顾问－客户关系

极端的例子通常对揭示问题的关键颇有帮助，极致的客户关系亦是如此。

大卫·福克（David Falk），篮球巨星迈克尔·乔丹（Michael Jordan）的经纪人，就有一个从他的客户那儿赢得极致信任的例子。⊖

福克帮助乔丹缔造了世界上最为成功的"品牌"之一。自与耐克达成时值 250 万美元外加版税（在当时是非常可观的数目）的品牌代言合约开始，乔丹最终成为数十个品牌的代言人，从手机通信商到高尔夫球杆套件，不一而足，收入达数千万美元。福克也从这一关系中获利颇丰。有了乔丹作为客户，他不断升级打造自己的经纪公司，并最终以 1 亿美元将公司出售。

小亨利·路易斯·盖茨（Henry Louis Gates，Jr.）在《纽约客》杂志上撰文回忆福克如何巧妙地迎合乔丹对于金钱和经纪人收费的态度。福克曾经两次在乔丹开口之前就主动减免费用，因为福克知道这是乔丹想要的，就算这位篮球明星自己不开口这样说。福克相信这是他们两个人能够长期合作的原因之一——乔丹的整个职业生涯都由福克做他的经纪人。

值得信赖的顾问常常扮演着不同的角色，有时像是客户的一面镜子，

⊖ Henry Louis Gates, Jr., "Net Worth," *The New Yorker*, June 1, 1998, p.48.

有时给予客户及时的反馈意见,有时专注聆听客户的倾诉,有时变成客户的导师,甚至偶尔还要扮演一下丑角儿或装傻充愣。这些角色的跨度非常大,但是当成功的领导者也这样形容顾问所扮演的角色时,事实就变得显而易见了。

1998年,彼时世界上最富有的两个人,比尔·盖茨(Bill Gates)和沃伦·巴菲特(Warren Buffett),在西雅图300名观众面前进行了一场坦率且话题广泛的公开对话。这次对话由《财富》杂志和美国国家公共电台进行了报道。这次对话的摘录发人深思:

> 盖茨:身边有一个你可以完全信任的人很重要。这个人要全心投入,认同你的理念,但又与你的经验、能力稍有不同,这样他才能为你的决定把好关。当你就某些想法向他征求意见时,你知道他会说,"嘿,等等,你有没有考虑这一点或是那一点?"。激发具有这种优秀品质的人与你一起合作,不仅会使工作变得更加有趣,而且会真正带来成功。
>
> 巴菲特:我就有这样一个相识多年的合作伙伴,查理·芒格(Charlie Munger)。他跟盖茨说的一模一样。但是,你得适应他的风格。比如,无论我做什么,查理都会说那很蠢。如果他说那主意真的很蠢,我知道那主意八成很蠢。但是,如果他只是说那主意有些蠢,我就当他变相地同意了我的看法。⊖

盖茨和巴菲特对他们信赖的顾问所做的描述隐藏着容易被人忽视的共同点,那就是两人的顾问切实关注"客户"的能力。我们在几乎所有值得信赖的顾问身上都能看到这种聚焦他人的能力,但是获得这种能力却没有

⊖ Transcript of panel session with Warren Buffett and Bill Gates, *Fortune*, July 20, 1998.

放之四海而皆准的方法。有些人似乎天生如此，好奇心、自信和泰然自若的心态使他们能够轻而易举地将注意力放在他人身上，其他人则需要通过后天习得，并且这绝非易事。获得这样的能力需要情感上足够成熟，并且自我足够强大，强大到可以把注意力分散到他人身上。

在最深入、最完整的信任关系中，顾问与客户之间不存在任何界限，业务问题与个人问题甚少彼此隔绝。信任关系两端的双方对彼此知根知底，明白自己在对方生活中所扮演的角色。

高赢律师事务所（Goodwin）是全球排名前 50 的律师事务所。雷吉娜·比萨（Regina M. Pisa）作为这家事务所的荣誉主席，描述了一段最不同寻常的、值得信赖的顾问关系。

> 我的一位客户是某家企业的首席执行官。一次，他打电话给我，说他刚刚结束了在马萨诸塞州综合医院的检查，想马上过来跟我见一面。他与他的妻子一同前来，告诉我他刚刚查出患上了不治之症，并且时间所剩无几。他说："我很为我的妻子担心。她的生活里没有一个像你这样的人，可以帮她解决任何事情。我希望你能像曾经对待我一样对待她。我们愿意把自己托付给你，希望你能帮助我们面对这一切。"做份遗产规划并不难，而他们希望我做的是帮助他们面对这一切——生前以及死后。没有什么可以超越这种信任关系，也没有什么回报比得上与客户结成如此深厚的情感纽带。⊖

这个鲜活的例子向我们展示了客户和顾问之间基于信任的关系可以到达何种深度。不是所有人都会选择将建立如此深厚的关系作为目标，但

⊖　Regina M. Pisa: Interview with Rob Galford, 1999.

是，这个故事告诉我们，除非存在来自客户和顾问的自我限制，信任关系的深度没有极限。

比萨的客户是最理想的，因为他懂得顾问所带来的价值。在工作中，我们都会面对绩效压力、工作期限等，客户也许并不总是通情达理，他们的要求和期望也许不切实际，但是一旦这样的关系建立起来，客户是不会亏待我们的。

成功的值得信赖的顾问所具有的特质

那些将信任关系成功应用到工作中的专业顾问深谙下面这些谚语背后的道理：

- 为善者常富。
- 善有善报。
- 种瓜得瓜，种豆得豆。
- 用进废退。

这些谚语说明成功往往青睐那些并不选择以成功为首要目标的人。变得像比尔·盖茨一样富有的关键是更用心地写出代码，而非整日想着发财。同样地，成为优秀顾问的关键在于更用心地服务客户。

所有基于信任关系的顾问–客户关系具有的共同特点是，相较于眼下具体生意的得失，无论是金钱方面的还是其他方面的，顾问更在乎维护并保持与客户的关系本身。在这种关系产生任何收入（且不要说有没有利润）之前，顾问往往要在回报没有保证的前提下对客户进行巨大的投入。玛杰里·齐夫林（Margery Ziffrin）40 年来为夏威夷的高净值个人和家庭提供投资咨询，久负盛名。她这样讲道：

在我职业生涯的早期，我意识到跟其他咨询顾问建立良好的关系同建立客户关系一样重要。知道客户需要什么、习惯什么只是第一步。帮助客户组建一个能够通力合作的专业顾问团队意味着不仅与客户，也与其他顾问建立更深的关系。了解其他顾问的需求和合作风格同样重要。我的做法是协同与合作。因此，我会尽可能多地与客户和其他咨询顾问会面。我服务他们时就像一个"四分卫"[○]会做的那样——把所有人串联起来。

通过与客户和其他顾问的合作，我了解到他们各自的需求。我会真正去理解客户，甚至是他们的家人。我也会去留心其他顾问在提供服务时都需要什么。客户经常让我给他们推荐各种不同领域的专业顾问。

我并不会试图取代客户已经在合作的顾问。我的角色是充分利用和支持客户多年来与不同专业顾问发展的重要关系。举个例子，如果客户已经有了常用的投资经纪人，即使我持有证券交易执照，也只会承担咨询和协调的工作。我在其中的角色是为客户补强，寻找增值途径，像"四分卫"那样，会把球传给队友，而不总是一个人抱球前冲。重要的工作是在协调和整合各方关系中完成的。客户的顾问关系往往十分复杂，就像一副七巧板。对我来说，我所做的与其说是为客户引荐专业顾问，不如说是为了不辜负客户给我的某种神圣信任而做的努力。[○]

根据前面提到的这些事例，以及我们这些年遇到的众多被客户信任的专业顾问，我们相信值得信赖的顾问身上具有下面这些特质。

1. 把焦点放在客户身上，而非顾问自己身上，因为他们：

○　美式橄榄球球队整个进攻体系的中心。——译者注
○　Margery Ziffrin: Interview with Rob Galford, 2020.

- 有足够的自信，不带任何预判地倾听客户。
- 有足够的好奇心，不带想当然的答案去探究真相。
- 有意愿把客户看作平等的合作伙伴一起解决问题。
- 有强大的自信来克服妄自尊大的心理。

2. 聚焦客户本人，而非他们的头衔。

3. 相信持续地将注意力放在定义和解决问题上比展示自己的技术水平更重要。

4. 表现出很强的 "竞争意识"，但是 "竞争" 的目的是不断找到更好的方式服务客户，而非超越对手。

5. 始终将精力放在做好下一件事情上，而非仅关注一时的得失。

6. 工作的动力来自内心把事情做好的愿望，而非外部的奖励。

7. 把方法、模型、技巧和商业流程看作达到目的的手段。评价这些手段的唯一标准是它们是否对客户有用。

8. 相信成功的客户关系与不断积累高质量的客户体验密切相关。因此，他们即便要承担个人风险，也会积极寻求与客户直接接触的机会。

9. 相信营销和服务是专业精神的两个方面。两者都可以向客户证明他们竭尽全力帮助客户解决问题。

10. 相信虽然工作和生活有所区别，但是两者都需要人来主导。他们认识到与人交往的娴熟技巧对工作和生活都至关重要，两者的相似点多过不同点。而且对某些人来说，工作和生活在很大程度上是重叠的。

成为值得信赖的顾问有何回报

从最显而易见的商业角度考虑，值得信赖的顾问能够因信任关系获得收益，因为这种关系能够从同一个客户那里为他们带来持续不断的业务合作机会。这种关系也往往能够通过现有客户的引荐带来新的生意。

这种关系也往往不会使双方陷入准备竞标方案、投标陈述、调研活动、工作活动报告等走形式的流程泥潭中。在这种关系中，双方会找到更有效率、更有效力的方式重新定义这些流程。简而言之，这种关系对值得信赖的顾问来说既带来盈利，也使工作更加愉悦。

这种关系的另一个回报是，顾问可以将真正有价值的个人技巧和能力（比如倾听、论证、解疑和想象）应用在最为要紧的问题上。

此外，顾问得以把时间花在那些对组织拥有实质影响力的决策者身上，达到采取新的举措、改善资源分配和完成既定任务的目的。信任使顾问可以避免把时间浪费在无足轻重的项目和繁复冗长的程序上。

影视制作行业提供了信任关系推进工作效率的绝好实例。下面是两位电视纪录片制片人的故事。托马斯在过去这些年里与几位电视台采购主管（负责制作和委托制作电视节目的主管）建立了信任关系，并为他们制作了很多成功的电视节目。

现在，每当推销新节目时，托马斯只需要制作一份两三页的简报来描述他的基本构想。"经验十分丰富的采购主管什么样的主题建议都看到过，"他说，"对于他们来说，问题不在于是否收到一份长篇累牍、耗资不菲的项目建议书，而在于他们是否信任一起合作的制片人。如果他们喜欢某个构想，那么需要进一步的信息时他们自然会发问。若是没有问题，他们就会十分爽快地开绿灯放行。"

另一位制片人阿特金斯还没有在行业闯出这样的名声，而且由于与一位采购主管有一次不太成功的合作经历，他至今还没有与行内人建立起牢固的信任关系。因此，他不得不把大量时间投入到准备事无巨细的竞标方案中。这样的方案需要涵盖节目制作的完整流程、主要团队成员的个人简历、预算明细以及非常复杂的计划表。这些内容需要通过计算机排版软件进行精心的设计制作,用各类图标和图片装饰,并精美地装订在一起。

他在制作项目建议书上穷尽自己(和员工)的精力,但只有其中很少一部分会最终通过。结果是,他制作的电视节目数量远不及托马斯,挣到的钱也少很多。

基于信任的顾问 – 客户关系对双方最为显著的回报,是在这样的关系中每个人都可以尽情地展现自己真实的一面。在具有信任的关系中,合作双方不需要把精力放在保护自己上,而可将他们的生活、他们的优点和弱点与对方分享。他们互通有无,在对方面前感到放松,并且分享着对方的情绪和灵感。最重要的是,这意味着顾问有极大的机会为客户真正的、全面的需求提供建议和服务。

这在所有基于信任的客户关系中都适用,但在某些类型的关系中更为明显。财务规划专家迈克尔·基塞斯(Michael Kitces)(博客 Nerd's Eye View、XY Planning Network 主理人)说道:

> 一个糟糕的建议可以让一个人 40 年的积蓄付之东流,一个好的建议则可以改变一个人的人生轨迹。金钱可以导致离婚、自杀,也可以带来深深的幸福感。财富是充满人性的,你很难不将自己挣多少钱、你的身家与自身价值相联系。这便是我告诉别人挣多少钱是比政治、宗教和性更加禁忌的话题的原因。[⊖]

与你的商业伙伴相处就像与你的朋友相处一样,这是基于信任的顾问 – 客户关系带来的极其有价值的奖励。不带半点虚情假意,不浪费无谓的时间和口舌,可以让人们完成更多的工作。客户和顾问不需要在对方面

⊖ Michael Kitces: Interview with Charlie Green, 2020.

前故作姿态，而是以真实面目示人。虽然也许每个人并不完美，但相互之间的信任却不会因彼此之间的见解不同而受到影响。

值得信赖的顾问是如何演化的

自本书初版面世以来，值得信赖的顾问的基本内涵并未发生变化，但这些基本内涵所适用的场景却越来越丰富，涉及新的受众、新的商业模式、新的市场等。换言之，它对越来越多的人产生影响。伊尔姆环境资源管理咨询有限公司（ERM）管理合伙人，也曾是麦肯锡和埃森哲合伙人的沃尔特·希尔（Walt Shill）说道：

> 谁是值得信赖的顾问，或者说谁能成为值得信赖的顾问，这个问题的答案与 20 年前大为不同。
>
> 麦肯锡曾经将咨询行业奉为顾问工作的神坛，这种看法如今已不常见，坦白说也不合时宜了。现在，咨询已经十分普遍，不再神秘。
>
> 首先，很多基本的问题解决技巧已经被产品化。很多公司将它们的解决方案流程化，而当你仅是执行流程时，就很难去与客户建立关系。这与你先试图去帮助客户定义问题是不同的。
>
> 其次，以前的学徒制模式之所以奏效，是因为"大金字塔"结构。如今，网格化的组织是常态。能够见到客户首席执行官的咨询顾问并不多，这也就很难让年轻人找到学习榜样。
>
> 最后，组织中的采购部门越来越多地成为咨询顾问要面对的新客户。如果你还信奉"采购部是最大的敌人"这样的旧观点，那你将错失对成为值得信赖的顾问而言非常关键的通道。

这意味着值得信赖的顾问所代表的核心理念不再仅仅适用于传统的咨询顾问角色。负责客户体验的人士需要这些核心理念，负责技术支持、合同协商的人士亦然。基本上所有与客户有关键互动的人士都需要运用这些核心理念。[○]

我们非常认同这一说法。成为值得信赖的顾问并非一个"孤注一掷"的命题，它是许多组成部分的集合。在不同方面不断进步，发展出不同的技能组合，有利于很多岗位的人士成为值得信赖的顾问。麦肯锡资深合伙人、合伙人培训主管阿舍特·梅塔（Asheet Mehta）这样描述这一现象：

值得信赖的顾问这一模型的核心仍然奏效，但应用在转移。最重要的是，你不能再只依靠与某个人发展这样的关系——现如今大多数高层治理模式要求你必须与组织中负责驱动变革的多个关键人物和重要项目中的关键利益相关者建立基于信任的关系。[○]

现在就开始

很少有人一开始就具备那些老练的顾问所具备的能力。实际上，即使是那些被客户信赖的专业顾问，在他们职业生涯的开始之时，也不可能完全具备这些能力。要使自己具备赢得信任的能力，第一步就是必须诚实地评价自己现有的水平。这里有一个邓宁－克鲁格效应的直观例子。邓宁－克鲁格效应提出，比起别人眼中的自己，人们经常高估他们所具备的能力。很多人的确高估了他们赢得信任的能力。

○ Walt Shill: Interview with Charlie Green, 2020.
○ Asheet Mehta: Interview with Rob Galford, 2020.

曾经有一项在研究生和指导教师间开展的研究，学生和教师两两一组，被问到关于他们自己和对方的一系列问题。[一]这些问题可以归为这么几类：

1. 你觉得自己在与对方的关系中有多么值得信任？

2. 你觉得对方在你与他的关系中有多么值得信任？

3. 你认为对方会觉得你在双方关系中有多么值得信任？

研究的结果是，每一组成员都认为自己比对方更加值得信任。不仅如此，每一组成员都预测，他们这种良好的自我感觉会得到对方的认同。事实显然并非如此。

如果这项研究可以推而广之（我们觉得可以），那么其结果意味着我们必须不停地说服别人我们真的值得他们信任。因为就结果来看，在别人眼里，我们并非自己感觉的那般值得信任，我们也对他们是否值得信任心存疑惑。可见，要建立信任，有很多工作等着我们去做。

接下来，我们将探讨建立信任所依赖的三种基本技能：赢得信任，有效提供专业建议，建立关系。让我们从赢得信任开始。

[一]　"Divergent Realities and Convergent Disappointments in the Hierarchic Relation: Trust and the Intuitive Auditor at Work" by Roderick M. Kramer, in *Trust in Organizations: Frontiers of Theory and Research*, edited by Roderick M. Kramer and Tom R. Tyler, Sage Publications, 1996.

| 第 3 章 |

赢得信任

要明白信任对于专业人士职业生涯的意义，可以想想你自己在购买专业服务时的情形。不论是要雇用某人处理你的法律事务、报税工作、子女问题，还是要修理、保养你的汽车，雇用专业人士就意味着你要将自己的事情交到别人手中。这时你不得不求老天保佑，希望他们能将你的事情处理妥当。

你可以调查他们的背景，检查他们的技术能力，并且试着追溯他们以往的表现。尽管如此，当要雇用某个人时，你的最终决定还是基于能否信任他来悉心料理你的事务，而这决定的确不像看上去那么容易。

当雇用专业人士时，你希望找到的是了解你的利益所在的人。这个人要能把你的利益放在他自己的利益之上。你希望你能相信他，他会代你做出正确的决定，关心你所委托的事务。赢得（而且不断地赢得）工作的前提是赢得信任，并对这样的信任受之无愧。

如何赢得信任

信任如此重要，人们应该如何赢得它？如何让别人对你产生信任？只是嘴上说"相信我"显然不够。实际上，没有什么比把这句话时刻挂在嘴边更需要让人提高警惕的了。(同样地，我们劝你不要用"值得信赖的顾问"标榜自己。别人如果这么称赞你那自然是一桩美事，但如果是自己这样标榜自己，那无异于说"谦虚是我最好的品质"。)

关键在于信任是需要去争取的，而且你要对别人的信任受之无愧。你必须做出努力向别人证明他们可以信任你。你必须愿意先付出后收获。

有一次，大卫·梅斯特需要聘请一位律师为他的亲戚订立遗嘱。他接触的头几位律师为了从他这里拿到这单生意而大讲特讲自己事务所的历史、规模和报价等。他们当中没有一位让大卫拥有足够的信心与之合作。实际上，他们越是谈论自己和事务所，就越显得对大卫和他要解决的问题不够关心。

最终，大卫遇到这样一位律师，在第一通电话里，这位律师就问大卫对订立遗嘱这件事有多少了解。大卫答道："知之甚少！"于是，这位律师提议寄给大卫一份详尽的清单，告诉他哪些事情需要马上着手准备，而哪些事情并不紧急，可以缓缓。这位律师还提供了所有大卫需要告知的政府部门的联系方式，即便这些信息与法律文书工作（或是他的收费标准）一点关系都没有。

所有这些可以说是极为有用的信息都是免费提供给大卫的，此时这位律师还无法保证能否得到这单生意。但是毫不令人意外，他拿到了这单生意。通过向大卫展示他知道哪些信息对大卫最有用，他在大卫心目中建立起与其合作的信心，即便他提供的有些信息与律师的工作毫不相干。由于他能够慷慨地分享自己的专业知识，并且向大卫证明他赢得这单潜在生意的意愿，他赢得了大卫的信任。

信任可以通过再简单不过的举动来赢得。大卫有一位牙医，叫安德鲁。在他们刚刚相识的时候，安德鲁会建议大卫做各种不同的牙科手术。同许多其他客户一样，大卫并不确定安德鲁的这些建议是因为他真的需要这些手术，还是安德鲁在趁机提高自己的收入（比如，认为他可能是在做交叉销售）。

每次大卫或他的妻子凯西去安德鲁的诊所就诊的当晚，安德鲁都会打电话给他或他的妻子，询问是否还感觉疼痛，需不需要再开些药，从无例外。这极大地影响了大卫对安德鲁的看法。他和凯西对安德鲁刮目相看，因为安德鲁的做法让他们相信他真的很关心他们，这在牙医里并不多见。

一开始大卫和凯西还有些将信将疑，甚至还会讥讽几句：他是真的关心我们，还是假装如此？他是不是上过什么牙医行销课程，或者读了有关客户关系的图书？他们不确定。但是随着时间的推移，安德鲁这个小小的举动一直持续着，大卫和他的妻子开始相信他的真诚。现在，他们通常都会接受安德鲁提出的医疗处理建议。他们信任了他。

查理和砂纸的故事

查理·格林被提拔到一家咨询公司的管理岗位不久，就接触了一家非常有希望达成交易的潜在客户。这家潜在客户是研磨材料制造商。同许多咨询公司一样，查理的公司对能够赢得新客户的员工都更加赏识，因此他很希望自己能有所作为。他跟这家潜在客户约好了会议时间，并邀请了一位资深合伙人一同前往。

他和这位合伙人被带进客户的办公室，握手，要了咖啡和茶水，交换名片。一阵寒暄后，双方对彼此有了初步了解：共同的兴趣、朋友，相似的经历和背景，以及对工作和生活的态度也差离不远等。

当他们最终坐下来开始谈论业务时，客户代表转向查理问道："言归正传，你们公司在工业耗材的营销调研方面有哪些经验？"

查理的脑子顿时一片空白，他对工业耗材一无所知。但紧接着，他脑子里突然灵光一闪：他指的应该是他们的主打产品——砂纸！但是，这个想法只能让查理更加恐慌。他确定公司并没有做过相关内容的调研项目。

查理明白如果他把真相告诉对方，铁定拿不到这单生意，从此他在公司很可能抬不起头来。但紧接着，他作为咨询师所经受的训练开始起作用，他开始在脑中迅速地组织应对的说辞。

"我们没有直接的经验，"他准备回答，"但是，我们开展过很多营销调研活动，其中有一些产品跟工业耗材相当类似。"至于什么产品跟工业耗材相当类似，那是以后需要考虑的事情。

但是，正当查理深吸一口气准备开口时，那位资深合伙人身体前倾，看着客户代表说道："我想我们还没有这方面的经验。"

他停顿了很长一段时间，然后看着客户代表的眼睛，继续说道："考虑到这一点，您觉得还有什么其他方面是我们应该讨论的吗？"

客户代表看上去并不太在意，接着询问他们公司有何类似的经验可能相关并会带来帮助。查理和那位合伙人于是继续按照他们事先计划的方案进行推介。

如果是查理的回答抢先一步，客户会感到他粉饰美化自己的资历，这将很可能牺牲掉他的可信度，让他看上去似乎仅仅关注自己的利害得失。谁会信任这样的人？

那位合伙人给出的回答则暗含着完全不同的潜台词，这潜台词就是："我愿意诚恳、直接地回答你的问题，就算这意味着我会失去从你这里得到生意的机会。"

在那一刻，查理学到了关于建立信任十分重要的两件事情：第一，你需要时刻提醒自己不要只关注自己的得失；第二，赢得或失去信任都可能在瞬间发生。

查理的公司赢得了这单生意，他没有在公司抬不起头来。当然，他还学到了关于砂纸的很多知识。

真相时刻

罗伯特决定给自己找一位新的财务顾问。纯粹基于候选者的名气和服务介绍，罗伯特决定试一试先锋领航（Vanguard）当时新推出的旗舰版个人咨询服务。罗伯特是这样描述他的体验的：

> 一开始确实是说起来容易做起来难。在我看来很简单的资产转移，应该用不了几小时就能完成，但是被各种书面要求、验证流程、签字授权、反复寄送表格拖累。几小时变成了几天，然后是几星期。我开始怀疑自己选择先锋领航的决定。毕竟，如果从今往后在应用上一直如此的话，对真正的投资咨询关系又意味着什么？
>
> 在我跟先锋领航的投资顾问乔·哈尼第一次通视频电话时，这位可怜的伙计还没来得及打招呼就领教了我的满腹抱怨。我对整个流程的漫长耗时大为不满，对他们应该如何改进发表长篇大论，并表示目前的体验让我怀疑自己选择先锋领航的决定。乔耐心地等我发泄完情绪，然后长舒一口气，注视着我的眼睛，镇定地说道："我很理解你有多讨厌这些流程，你解释得相当清楚。

我想问，在目前这种状况下，你是否还有心情跟我聊一聊，让我们互相了解一些?"

我对他如此简单直接的回答吃了一惊，我刚才只想着抒发自己的不满，并没有意识到眼前这个家伙有可能正是那个可以帮我扫清障碍的人。乔表现出镇定、充满同理心的特质，他能够让我感到他在认真倾听并接受我的抱怨，就算我的抱怨几近讽刺挖苦。他让我当下立刻意识到这样的交流正是我选择先锋领航的原因。自那以后，乔成了我梦寐以求的值得我信赖的顾问。

不是所有人都会意识到不同寻常的机会出现在眼前，也不是所有人都会在这种时候迅速地、自信地做出反应。但是，如果我们认真地倾听、精准地观察、真诚地表达，并在适当的时候表现出一些个人的亲和力，客户也许会愿意将话题延伸开来。他们也许会借此契机把门再打开一些，把更多的他们的问题、担心、期望和恐惧讲给我们听。

对信任的洞察

我们如何增强客户对我们信任？我们能否变得更加值得他人信赖？要回答这些问题，不妨来看看信任都有哪些特点。具体来说：

1. 信任是培养起来的，而非凭空出现的。
2. 信任既包含理智，又包含情感。
3. 信任关系是双向的。
4. 信任意味着冒险。
5. 信任对客户和顾问有着不同的意义。
6. 信任是一种私人化的体验。

信任是培养起来的，而非凭空出现的

除非面临极端情况，全面的信任很少能在短时间内培养起来，但我们可以很快得出结论："我不信任他。"

尽管如此，那句老话"日久见人心"并非完全准确。信任不是随着时间线性积累的，虽然信任的一个重要组成部分——可靠度的确跟时间有关。信任是在一些重要时刻呈阶梯状发展的。在这些重要时刻，那些能够赢得他人信任的人可能回答了对方亟待解决的问题，可能提出了一个引人深思的问题，甚至可能只是在某个时间点上适当地表示了惊讶。

机会总是青睐有准备的人，信任也同样如此。如果你做足了准备，这样的重要时刻通常会出现。当然，即使在这样的时刻，你仍然要做出决定是否采取行动、表达意见或表现出某种姿态。正确的选择往往看上去有些冒险，因此需要勇气。

信任既包含理智，又包含情感

信任横跨理智与情感。一方面，信任建立在切身体验之上，这种体验来自专业顾问解决客户所面临的问题时所展现出的能力，而没有真才实学的所谓"专家"很快就会被识破而遭到弃用。另一方面，就像我们在第 1 章中看到的，客户对专业顾问信任有加，是因为他们给予客户以支持，把客户的利益看得比什么都重要，有勇气巧妙地"挑战"客户，以及其他类似的情感因素。不妨做一个试验，回到第 1 章，把那份值得信赖的顾问所具有的特质清单按照理智与情感分一分，看看会有什么发现。你的发现也许会出人意料！

信任的这一特点对任何一个需要跟信任关系打交道的人来说都具有深远的意义。很多业务的完成似乎都是理智在发挥作用。这一点在专业服务

领域也许再明显不过。根据我们的经验，对很多专业人士来说，如果有人暗示他与客户的关系以及为客户提供的服务不完全是凭借绝对的技术实力，他们会觉得这种评价是对自己的冒犯。

但是，理智只是故事的一半。出色的技术实力（或是所提供的专业内容）对于成功所起到的关键作用毋庸置疑，但仅仅有它还不够。信任的内涵远比单纯的理智丰富得多，而情感是成功的关键因素。

安永业务开发与客户管理资深合伙人马克·霍恩这样描述这种动态关系：

> 我认为人与人的关系可以分为三类：个人关系，业务关系，在业务中的个人关系。在每一种关系里，你都要处理"公开的"的问题（众所周知的事实）和"个人的"问题（难以觉察的感受）。
>
> 我的观点是，在这些关系与问题的组合中，有一种组合比其他组合更重要，那就是在业务中的个人关系里对方难以觉察的感受。这些感受定义了你的买方是谁。因为不是某个人在购买，也不是某项业务在购买，而是在这项业务中的这个人在购买。
>
> 能否掌握这些难以觉察的个人感受，决定了对方是否认为你真正懂他（他们），并相信你能够妥善处理这些敏感信息。[一]

信任关系是双向的

信任关系是双向的。一个人可以独自去爱，去恨，去尊敬，或为某人着迷。在产生这些情感时，他不需要别人感同身受，也不需要其他人的参与，但信任不同。

㊀　Mark Hawn: Interview with Charlie Green, 2020.

尽管有很多有助于增加可信度的行为，但是要打造一种基于信任的顾问关系，仅靠你一个人是行不通的。你的客户必须参与进来，给你回应。这意味着你需要谨慎地选择那些你希望与之建立信任关系的客户。如果只有单方面的付出，再多的努力也无法产生信任，信任是不能被勉强的。

信任关系建立在两个人之间，而且是非常私人化的体验。它既牵扯情感又需要智慧，它如水流般充满活力，随时发生着变化。建立信任关系不仅需要开诚布公的讨论、缜密的决断和传统的咨询访谈，还需要一些意外的启发、深夜的灵感、瞬间的心有灵犀，以及某一时刻的顿悟。

信任意味着冒险

不存在风险的信任关系就像没有气泡的苏打水一样，没有多少意义。如果一方信任另一方会履行承诺，那么这意味着被信任的一方①可以不履行承诺，②有可能不履行承诺，但是③因为信任关系的存在而很可能不会不履行承诺。

如果被信任的一方存在无法履行承诺或者不愿履行承诺的可能，那么这种关系完全基于可能性和可行性，而非信任。

在相互信任的关系中，有违信任的风险永远存在。最终，是一方抵制"违约"的诱惑而恪守承诺使得信任关系如此特别。

当然，风险的高低会因为事态不同而不同。一位首席执行官在一桩涉及上亿美元的并购交易中选错法律顾问所面对的风险和他选择法律顾问来帮他设立遗嘱所面对的风险必定非常不同。前者关乎这位首席执行官的职业命运。然而，虽然后者涉及的数额远远小于前者，但它所牵扯的风险以及由此而产生的信任需求，却也不可小视。

当第一次接触到我们在本书中讨论的一些增进信任的技巧时，很多人可能会说"但这样做很冒险"。

这些人常常夸大风险的严重性，但是并没有说错。建立信任意味着冒险，风险是信任的本质。如果你没有感觉有些害怕，那你还没有承担风险。如果你不愿意承担风险，那你不太可能与人建立起信任关系。

信任对客户和顾问有着不同的意义

相爱的两个人会分享彼此爱的体验，其中一个人也许会爱得比对方多一点或少一点；此时的爱与彼时的爱的程度也许会不同，但是他们相爱的体验在本质上是一样的。

但是，信任关系的双方不是这样的。在信任关系的互动中，一方信任，另一方被信任。我们之前提到过，信任他人的人必然同时要被人信任，但这两件事情不总是同时发生。被信任的一方必须时不时地回报对方以信任。在每个具体时点上，信任都像是舞会中的双人舞，必须有一人领舞（信任对方），一人跟随（值得对方信任），这样舞才能跳得起来。如果领舞和跟随的角色不明确，最好的结果也只是两人各自跳出同样的动作而已。

信任的这一特点带来了一个非常有趣的启示，那就是并非你能够信任别人就意味着你会被别人信任。但是，如果你没办法对别人产生信任，你十有八九是无法让人信任的。也就是说，信任别人是成为可信之人必要但不充分的条件。

信任是一种私人化的体验

事实上，"机构信任"这种说法只有一半是准确的。我们对机构（和流程）的信任，其复杂程度和内涵丰富程度远远不及我们对人的信任。"机构信任"这种说法是将机构人格化了。我们也许会说一家公司的做法是可以被预判的，因此会认为这家公司"可靠"，但我们通常所指的是这家公司里大多数人的行为可以被预判，我们会将这个机构和那些被我们信任的人联系起来。但我们信任的仍然是某个人，我们并不会盲目地信任某个机构。

此外，信任要求我们能够在个人层面去理解别人，并且具有基于这种理解来采取行动的能力。机构本身是无法去理解他人的，更不要说去关心或关注他人。只有机构中的人可以做到这些。品牌和声誉可能会让某个机构进入最终候选名单，但是只有人的参与才可以让信任建立起来。

同理，如果信任对一个专业服务机构来说举足轻重，那么不是它的广告或口碑让人对它产生信任，而是客户与顾问双方基于人际情感的互动使信任得到培养。

从这个角度去看，电影《教父》的经典台词"生意是生意，无关个人感情"其实是错的。实际上，"生意是生意，但也关乎个人感情"。

究其本质，信任是一种人际关系：我信任你，是因为我觉得你希望与我保持长久的关系，而非只谋求自己的短期利益最大化。信任是相互的：你帮我的忙，我也会反过来帮你，但是我需要知道我可以相信你恪守承诺，我们的关系是建立在相同的价值观和原则之上的。

如果你是客户，信任一个顾问意味着你可以相信他能够做到言行一致。而且，也许最为关键的是，你之所以信任他，是因为你能从他身上看到他在乎你们之间的关系，他的行为证明，对他来说你的利益与他的利益同等重要。

实际上，信任是私人化的体验这一事实，正是我们能够超越最初的作者 - 读者关系的原因。举个例子，具有投资银行背景，长期从事高管培训，目前就职于弗吉尼亚大学的读者拉里・墨菲（Larry Murphy）告诉我们：

当初你们写这本书时，关注点显然是放在了客户身上。但潜台词也很明显，那就是同样的道理也适用于组织内部。如果可以对客户做到这些，为什么不对团队成员也如此相待呢？

今天，这一引申更加重要，且意义与 20 年前大为不同，因为如今所有这些大型组织都在经历去层级化。很多人的主管只会监督他们的工作，从他们那里要结果，却很少能够成为值得他们信赖的导师，给予他们悉心指导。我们还有什么必要去生搬硬套一些教人如何做好主管的新理论？你们早已经把道理讲得再清楚不过了。㊀

㊀ Larry Murphy: Interview with Rob Galford, 2020.

| 第 4 章 |

如何提供建议

成为值得信赖的顾问需要三种基本技能：赢得信任，有效提供专业建议，建立关系。我们在第 3 章讨论了第一种技能。在这一章，让我们将目光移向第二种技能：有效提供专业建议。

对许多专业人士来说，向客户提供建议是基于专业知识和技能的理性客观行为。但实际上，它从来都不是一个完全可以基于逻辑进行理性推断的行为。与此相反，向客户提供建议的举动几乎必然是充满各种复杂情绪的"情感二重奏"[⊖]，由顾问和客户双方一同演奏。如果不能学着察觉、处理并回应客户的情绪，你永远无法成为卓有成效的顾问。

在大卫的职业生涯早期，一个大型专业服务机构的管理团队聘请大卫评估他们机构的绩效表现。大卫给出了非常直接、坦白的回答："在这些方面你们做得很糟糕，你们本来应该那样做！"出乎意料的是，大卫随即被这个机构炒了鱿鱼，原因是大卫的结论造成了破坏性影响。这让大卫百

⊖ "情感二重奏"这一概念来自：Jeswald W. Salacuse, *The Art of Advice*, Times Books, 1994。

思不得其解，因为他确信自己的诊断和处方都是正确无误的，而且他相信客户肯定也知道这一点。

最终，大卫领悟了其中显而易见的道理。作为专业顾问，仅有正确的意见还不够：顾问的职责是为客户提供帮助。他还需要锻炼一种能够让客户心悦诚服地接受建议的沟通技巧，不但要让客户承认自己的做法有错误，还要让客户能够欣然接受他所提出的改进建议。向客户提出批评和建议是一种需要去赢得的权利。指出他人的错误也许能够获得智力上的满足，但这样做，无论是对客户还是对顾问都不是有成效的。

指出客户的不足显然是每一个专业顾问工作的一部分。提出改进意见就是在暗示客户有些地方做得还不够好。更为不幸的是，需要对顾问提出的问题负责的人，往往就是当初聘请顾问的那个人！

律师通常是公司法务顾问指定的，会计师是由首席财务官请来的，营销和公关顾问是市场部总监任命的，精算师则由人力资源主管来物色。所以经常出现这种情况：请你来专门解决问题的人，通常就是问题的根源。因此顾问的言行要十分谨慎！

正因为如此，分析和解决客户的问题一定要考虑客户的处境，仔细分析并考虑事情有多敏感，客户的情绪会受到怎样的影响，会牵扯到哪些公司政治等。无论涉及的领域技术多么高深，提供建议的关键归根结底在于深入了解问题涉及的每个人，并且根据不同的对象找到最适合的沟通方式。

客户的视角

要理解客户在聘请专业顾问时所涉及的感性因素，只需要从客户的视角想想他们要为自己所做的选择怎样负责任即可。来自公司之外的专业顾问，常常是被请来处理风险巨大或代价高昂的内部事务的。在这个过程中，客户往往要承担诸多个人风险，涉及名誉、晋升机会、奖金，甚至是整个职业前途。试想，如果你挑选的建筑师所设计的公司总部大楼方案被发现根本行不通，你因此成为众矢之的，你会有何感受？同样地，如果你聘用的律师输掉了官司，或者你找来的营销专家设计了失败的营销活动而使产品滞销，你的处境将会如何？

从这个角度去看，客户有上千个理由在聘请专业顾问时感到紧张。更糟的是，在审视所面临的问题时，专业顾问所能觉察到的问题往往比客户最初理解的复杂得多，这无疑加剧了客户的谨慎和焦虑。实际上，揭示客户未曾觉察的细微差别、隐藏问题和潜在障碍，是专业顾问安身立命的基本技能。如果不能巧妙地把这些传递给客户，客户很可能会想当然地认为，与其说专业顾问在帮忙，倒不如说他们使问题变得更加复杂，尽管客户这样想对专业顾问也许并不公平。

当然，客户还会有其他一些常见的情绪。客户公司的高管在他们日常的工作中是功绩卓著、具有权威又受人尊重的人。但是当聘请专业顾问时，他们却不得不在一段未知的时间里把他们原本得心应手的事务交给陌生人处理。这些"外来的和尚"满口令人费解的专业术语，做的事情带着神秘色彩却从来不向人解释，开出的账单又令人咋舌。可以想见，客户常常会因为这种对陌生人的依赖和丧失自己的掌控权而产生不快的情绪。

客户通常希望找到可以为他们排忧解难的人，但是专业顾问总是强迫他们面对他们原本希望回避的难题，给他们制造更多的麻烦，带来更多的烦恼。（"大夫，我来你这儿是要你帮我治疗我的脚总是酸痛的毛病，你却告诉我需要减肥。你能不能只管把我的脚治好，不要对我的体重多管闲事？"）客户经常要在工作中面对紧张和犹豫的情绪，因此他们真正要找的是能够使他们安心，帮助他们克服恐惧，并且激发他们信心的人。

　　就如赢得信任一样，提供建议的方式随着数字化的深入而有所变化。我们现在所谓的人才招募（以前称为"招聘"）就是个很好的例子。著名的人才招募公司艾利尚德曼（AMS）的全球创新主管乔－安·菲利（Jo-Ann Feely）这样说：

　　　　对现有人才队伍进行重新调配在现如今更行得通，有时甚至是可取的。我们以前不常处理客户的这类需求，现在却对这类需求非常欢迎。如果队伍缺乏某项技能，那就通过培训提升这种技能，再塑这种技能，并且通过扩大"人才池"来获取与之相辅相成的技能，从而对组织产生长远影响力，培养出更多元化的人才队伍。

　　　　这样的转变也改变了客户与应聘者的互动。应聘者如今更愿意在手机上花 3 分钟以高质量的体验完成应聘申请。他们接受聊天机器人处理他们的申请，因为这对他们来说并不陌生，当然前提是这个机器人要设计得合理，交互出色。

　　　　这对人才招募行业而言是一个转折点，胜出的将是那些能够向客户呈现可信的替代解决方案的公司，而这又取决于与客户建立深厚的相互信任的关系。[⊖]

　　关于采用客户的视角还有一点值得注意，那就是对客户基本的尊重。我们中的大多数人都不喜欢被人告知怎么行事，除非对方首先表现出对我们的理解和尊重。这个简单的道理体现在这句同样简单的话里：人们知道你关心多少后才会关心你知道多少。这个说法也许老掉牙了，但丝毫不影响它是一句真理。

　　这意味着提供建议时顺序正确的重要性——表现出理解和尊重应先于

　　⊖　Jo-Ann Feely: Interview with Charlie Green, 2020.

提供建议。这也是为什么在顾问的实际工作中，深入倾听如此重要。要让别人听你的话，首先要学会倾听。要让你的建议被采纳，首先要让客户相信并且感觉到你已经花了足够的时间了解他们的特殊情况。

这看起来很简单，但在实际当中往往被忽略，尤其当客户催着你给出一个答案时，或者当你第 100 次面对同样的问题而答案谙熟于心时。但提供正确的建议并非目的，真正的目的是让客户接受你的建议。也许客户找到你正是因为你已经解决过 100 个同样的问题了，但即使如此，他们在感到你真正了解他们的特殊情况之前并不会全盘接受你的建议。只有让他们感到你对他们的特殊情况有足够的了解后，他们才愿意成为第 101 个接受你的建议的人。

一位年轻的技术顾问曾在给本书写的读后感中这样总结："开始时，我曾经不止一次犯下许多新手都会犯下的错误，听完问题的描述后着急给出解决方案。事实证明，这并非呈交解决方案的最佳方式。"就像他说的，犯下这种错误的远远不止他一个人。

很多顾问要花很长时间才会明白，锻炼人际交往的能力是他们工作的核心之一。关于这一点，传统教育甚至很多专业机构显然都没有教过人们。

像跟父母聊天一样

要成为一名优秀的顾问，理解自己所扮演的角色很重要。我们的一位律师朋友的一番话就很能说明问题：

> 有时跟客户谈话就像在跟小孩子解释问题一样。客户好像连我话里最基本的逻辑都无法理解。我简直想要跟他们吼："闭嘴，我说什么你们照做就是了，这方面我可是专家！"

这位律师的话之所以可以理解，是因为在很多顾问－客户关系中，客户并没有经受过专业领域的培训，理解问题会显得吃力，而专业顾问也许早就多次在其他场合见过客户所面对的类似问题。在这种情况下，客户总会认为顾问是自视甚高、傲慢无礼甚至目中无人的人。

顾问觉得客户反应迟缓并不难理解，而客户对这种态度如此抵触同样可以理解。毕竟，客户说了算，如果"我"（客户）不能理解"你"（顾问）的意思，那可能是"你"有问题，而不是"我"有问题。

也许你不知道如何向一个门外汉解释你的专业知识和见解，而客户自然会想：我当然不熟悉你们这行，不然我干吗要请你来？用我能理解的语言解释给我听，让我也能懂。你的工作不止得出结论而已，你得解释给我听，让我明白你提供这些建议的合理性。说服我，而不止告诉我该怎么做！

虽然有时跟客户谈话就像在跟小孩子解释问题一样，但成为优秀顾问的秘诀却正好与此相反——在向客户提供建议时，我们应该像对待我们的父母一样。如果是在试图说服我们的父母，那我们可能会在表达我们的观点时更注意措辞，让我们的言语听上去充满敬意，我们会尽量减少言语中可能存在的任何批评指责的意味。

我们这样做并不是在回避问题、敷衍父母或者对他们说的话充耳不闻。如果他们的所作所为给其他家庭成员带来麻烦，或者有损他们自己的利益，我们必然要设法让他们知道我们的意见。然而，我们必须以合适的态度，字斟句酌地告诉他们。

无论是同家人还是客户谈话，首要任务都是化解对方的自我防卫姿态。每个人都会随时架起这种自我防卫姿态。如果我们要对父母或客户施加影响，那就必须找到方式证明我们是在试着帮他们，而非仅仅挑毛病。

当我们跟父母说话时，我们肯定不会直截了当地告诉他们怎么去做，就算他们直接向我们寻求帮助。相反，我们会尽量不把注意力放在提供建议或下结论上，而更多地去同父母聊天，在沟通中帮助他们看到问题所在。

> 爸爸，你这样想一点也没错。但是，姐姐因为最近发生的事情确实有些额外的负担。你能不能帮她减轻一些压力？有什么我们能够帮上忙的地方？

同样的话说给客户听也许可以是这样的：

> 这个决定有道理。在最终拍板前，让我们把可能的后果考虑一遍。经销商很可能不太高兴，而我们的计划实施起来需要他们的配合。有没有什么办法能够照顾到他们的需求，好让他们也有热情支持这个新计划？

找到合适的措辞

建议之术不仅需要正确的态度，还需要谨慎措辞。同一个想法有很多不同的表达方式，"不同"取决于对方真正听到了什么。"你得做这件事"这种话即使说得没错，也很可能引起对方情绪上的抵触。没人喜欢对方颐指气使，就算对方说的正是他们应该做的。

通常，这样的说法会更好一些：

> 让我们把各种选择考虑一遍。这些是我认为可行的方案，你看有没有别的方案是我们应该额外考虑的？我们现在来看看这些方案的优劣。根据优劣对比，我认为采取这样的行动最有可能成功，你怎么看？你有没有更好的办法？

这样，即使客户不想采用你提议的方案，你们之间的对话仍然会继续。但如果你说"你必须得这样做"，而客户说"我不想这样做"，那对话就进死胡同了，作为顾问的你就失败了，因为你把自己和客户对立了起来。在这种情况下，接下来很可能发生的就是一场争论，而非有益的讨论。当然，上面例子中的具体用词并不是关键，关键是要找到对解决问题而言最有效的说法。

关于如何使用"强硬"和"柔和"的措辞，可以举出的例子数不胜数。比如，一句不经意的"你觉得问题出在哪里？"，听起来简单，但是很可能让对方感觉过于直接，听上去像一种挑衅。不妨替换成："哪里是最需要改进的地方？"一个简单的经验是，用提问的方式表达比直接下结论要好。与其说"这是最好的办法"，不如试试这样说："我的其他客户通常会因为以下理由采取这个办法。你觉得它们是不是适用于我们目前的情况？"

多年前，当大卫在教授统计学时，他会站在讲台上，一边在黑板上写板书，一边时不时停下来问他的学生："这一点大家会了吗？"教室里通常鸦雀无声，他因此假定自己作为老师教得还不错。但是到了考试的时候，所有人都挂科了。他成了个彻底失败的老师！他因此感到十分沮丧，因为他觉得在课堂上他为学生（也就是他作为老师所面对的客户）提供了无数的机会来确认他们是否真的学会了。

他的同事告诉他，他的态度没有问题，但是技巧并不高明。当问"这一点大家会了吗？"时，他创造的语境使得那些想说"不会"的学生必须先公开承认他们自己的短处。他的朋友建议他把问题换成"这一点我讲清楚了吗？"试一试。

这样问，学生说"没有"就变得容易些，虽然这对大卫的自尊心而言是挑战，但是这种问法让他有机会确认学生是不是真的明白他的授课内容。在这种情况下，另一种可能的提问方式是"你们是想让我在这一点上再解释一下，还是我们可以来到下一个题目？"，这可以给学生（即客户）一个中性的方式表达自己对某个题目的不解（或不认同），而不会伤害他们的自尊心或让他们难堪。这里体现的原则是，成功的专业顾问要主动承担使双方达成相互理解的责任。

想要成为值得信赖的顾问，常常可以从其他行业中学到一二，比如高管教练这一行。一家著名专业服务机构的领导力咨询合伙人艾伦·布思（Alan Booth）这样说：

> 在高管教练领域，你的问题从来不会以"为什么"开头。只有丰田工厂试图找出刚下生产线的汽车涂装出了什么问题时才会这么问。"为什么涂装有问题？"对研究流程来讲是非常合理的问题，但高管教练这件差事远非研究流程那么简单。流程没有感觉，而人有。在这一行中，"为什么"带有主观评价色彩，它把问题由"这件事为什么这样？"引向"你这个人为什么这样？"。高管教练的工作跟顾问的一样，要始终带着好奇心，而非主观评价。好奇心是维持与客户的紧密关系的秘诀。

> 我想，比起高管教练，提供建议对顾问来讲更为重要。值得信赖的顾问在与客户交谈时，需要像私人教练那样富有亲近感。其实原则是一致的：你的目的是帮助他们做出决定，而这决定最终涉及个人。也许你的建议将引致商业成果，但其中必然掺杂个人因素，因此你必须有足够的好奇心去理解和考量。[○]

以上这些例子表明，在跟客户沟通时，我们并不总是清楚地了解对方

○ Alan Booth: Interview with Charlie Green, 2020.

怎样理解我们所说的话。我们知道自己想要表达什么，但是我们并不总是知道对方听到了什么。

一个锻炼相关沟通技巧的方式是事先排练与客户的对话。朋友或同事可以扮演客户的角色。观察对方在对话中的反应这一做法，能立刻让我们发现怎样使用不同的措辞来避免显得傲慢、武断、强势或者难以理解。如果我们自己错过了其中的细节，一起排练的伙伴也可以帮我们指出来。

如果你能把这样的排练拍摄下来，你会有以新的视角看待问题的机会。当我们观察别人或者录像中的自己，值得改进的地方通常昭然若揭。就如诗人罗伯特·彭斯（Robert Burns）所说，没有什么比"看到别人眼中的自己"更有益处的了。

当老师的本领

在很多方面，顾问技巧与好的教学技巧很相似。老师的任务是帮助学生从 A 点（他们具有的知识和见解）到达 B 点（更深入的知识和见解）。假如一位教授只会站在学生面前说"B 点是正确答案"，这就不是好的教学。这种课堂教学正像一个老笑话里说的，是迄今为止最快把知识从老师的笔记转移到学生的笔记而完全不需要经过双方大脑的教学方式。

一位老师需要两种技能才能成为一位好老师。第一，必须对 A 点有很好的理解：学生（或客户）现在处在什么知识水平？他们已经懂得什么？他们相信什么，什么使他们产生这种信念？他们对什么程度的信息已经做好接受的准备？他们现在在做什么，为什么要这样做？要达到对学生（或客户）有如此深入的了解，只有通过不断地提问和倾听才能做到。不要急着做出反应，把反应留到之后的教学（或咨询）阶段。

即使有了对 A 点的理解，老师也不能直接跳到对 B 点的讨论上——第二，要能够建立环环相扣的推理过程，带着学生（或客户）踏上发现之旅。这样做的目的是引导学生（或客户）理解，以使最终学生（或客户）可以说，"仔细想来，我觉得 B 点是更好的答案"。这时老师（或顾问）就可以回答说："好，那我们就这样做！"

这样的过程正是应用了通常我们所说的"苏格拉底式教学法"。它通常是依靠类似下面这些问题完成的：

- 你觉得我们遇到这个问题的原因是什么？
- 有哪些不同的方法是我们可以试一试的？
- 你觉得不同的方法能够带来哪些优势？
- 你认为其他人对于我们做出的改变会有什么反应？
- 对于这种做法的不良后果，你建议我们怎么应对？
- 有些人采用这种做法时遇到了一些麻烦。我们可以做些什么来避免这种情况的发生？
- 如果我们尝试这种方法，可能会有什么好处？

苏格拉底式教学法需要极大的耐心。一位老师会十分自然地产生冲动想要大喊："答案不是显而易见吗，我们应该选 B 点，照我说的做！"这种行为在认知层面上完全没有错，但如果发生在给客户提供意见时，确是专业顾问工作的彻底失败。

应对客户的公司政治

有效提供专业建议也要求顾问不以自我为中心，克服自己的情感需要。影响客户最有效的方法是帮助他们，并让他们觉得问题的解决办法（大致上）出自他们自己的主意，或者至少是由他们拍板决定的。

达到这种效果的一个方法是同客户一起全面深入地探讨各种选择的利弊、风险和成本，以帮助他们理解这些选择。接着，你就可以循序渐进地将客户引导到首选的解决方案。注意，"循序渐进"意味着要克制过早在这个过程中表明立场的冲动。专业顾问的职责是在解决问题的过程中做向导。如果客户相信我们早就有了不可动摇的结论，我们作为被信任的向导而被客户接受的可能性就会受到损害。

因此，专业顾问应该遵循下列步骤：

1. 告诉客户不同的可能性。

2. 向客户解释每一种可能性，要有足够的讨论，使客户深入了解不同的可能性。

3. 向客户做出推荐。

4. 让客户来做出选择。

有些客户可能希望你来帮他们做出选择，但这也是他们的选择。如果他们让你来帮他们做决定，一个成熟的回应是，"如果这是我的生意（钱），我会这么做……"。

在一些极端的例子中，客户可能会做出一个你并不想有任何瓜葛的选择，你可能因此需要全身而退。这一结果虽然令人痛苦，但是好过将你的想法继续强加到客户身上。如果你的劝说没有奏效，你又无法按照客户的计划工作，那别无选择，只能选择终止合作。

在面对委员会、领导团队或其他多于一人决策的情况时，专业顾问通过推演方式引导客户做出决策的角色就变得更为关键。在这种情况下，你必须学会帮助客户厘清各种不同的观点，在客户代表之间建立共识。顾问很少只面对单独的客户代表。就算你是向首席执行官直接汇报，在通常情况下，你仍然需要争取其他人站在你这一边来实现你的计划。

即使像首席执行官这样掌握最大权力的决策者，通常也会在形成最终决策前征求财务总监、法务主管或公司其他高层人士的意见。这些人代表着不同的利益群体，对你正在试图解决的问题会有各自不同的视角，这不足为奇。因此，对于顾问来说，不可避免地要遭遇客户内部的公司政治。不能应对这种错综复杂的利害关系就意味着你无法成为成功的顾问。

因此，所有顾问都必须懂得如何照顾各方的利益。比如，在很多（就算不是大多数）的顾问工作中，客户安排的会议往往会涉及数个重要人物，他们各自有着自己的盘算。许多顾问只有到会议现场才会使尽浑身解数权衡各方的利益、计划和不同观点。但是，很少有顾问掌握充分的技巧并具备快速的反应能力去协调会议中层出不穷的各种反对和担忧。

但是，如果你足够用心，想到提前弄清楚哪些人会出席会议，又勤勉到在会前拨通他们每一个人的电话进行协调，那么你就有机会询问他们每个人对于问题的意见，他们关心什么，他们有什么目的。以这样的方式准备会议，会使计划和组织会议变得更容易些，也更易使各方达成一致。即使结果并不能让每一个人全然如愿，这样的方式也更有可能使决策和共识方面取得显著进展，达到事半功倍的效果。

对所达成的决定进行简单的总结能使大部分会议取得更好的效果。人们常常在会议结束时对所达成的决定持有不同的理解，建立信任需要减少这种含糊不清的情况。

顾问很容易将彼此矛盾的计划、优先级排序和目标的相关责任归于客户，而非自己。但是，除非你可以找到方法和技巧来应对这些矛盾，否则你的建议将很难被执行，你也不会被看作卓有成效的专业顾问。

适应客户的工作风格

提供顾问服务是一种艺术，而非科学。杰斯沃德·萨拉科斯（Jeswald

Salacuse）在《顾问的艺术》（*The Art of Advice*）一书中把顾问服务恰当地形容为"表演艺术"。我们大多数人需要在职业生涯中通过不断试错来学习这一艺术。具有特性的窍门和策略能够有所帮助，但是不假思索地在所有客户身上随意使用这些窍门和策略将被证明是巨大的错误。顾问服务的精髓在于为每个独特的客户关系设计一种最为合适的沟通方式。我们都见过对苏格拉底式教学法没有丝毫耐心的客户，他们会说，"废话少说，你怎么想的就怎么说"。如果某种沟通方式适合这种客户，那我们就采用这种方式。（我们将在第 16 章讨论不同的客户类型。）

迅速确定每个客户偏爱的沟通方式，用足够灵活的方式和对方习惯的举止面对客户，也是顾问的职责。顾问要尽可能避免采取千篇一律的风格，并声称，"这是我做事的方式，客户要么接受，要么另请高明"。如果这样想，那可真是自视甚高、傲慢无礼，甚至目中无人了。

第 5 章

建立关系的原则

现在我们来看看成为值得信赖的顾问所需的三种基本技能的最后一种：建立关系。

有时候，我们在潜意识中认为作为"专业人士"意味着我们要显示出与客户的不同。这常常会把我们跟客户分离开来。有时候这样做没有坏处，或是值得提倡的，比如得体的穿着、用语和始终彬彬有礼的态度。但是有时候，这种对"专业性"的执着会拉开我们与客户间的距离。如果我们把"专业性"理解为"永远神经紧绷"或"不要透露个人生活"，那么结果很可能是让我们缺乏人情味，无法与客户建立人与人之间正常的情感联系。

关系的建立需要双方找到共同点，而非区分彼此。如我们的朋友约翰尼·比米什所言，"不存在所谓的'业务关系'，有的只是有业务往来的人之间建立的个人关系"。

人与人之间的各类关系，不论是专业上的、生意上的，抑或泛泛之交、恋爱关系，有着共同的特征。通常，对建立深厚的客户关系的最好类比可以从我们生活中的各种其他关系之中找到。（当然，这样的类比有明显的局限性，但我们认为读者有足够的能力辨别这些局限性。）

比如，回想一下在生活中你和伴侣培养感情时，你有怎样一番表现。为了建立亲密的关系，你会试着去理解和体贴对方，凡事为对方着想，照顾对方的感受，并乐意表现殷勤的一面。所有这些行为同样适用于建立卓有成效的业务关系。

幸运的是，一些建立关系的基本原则对生活中的关系和生意场上的关系同样有效。这些原则是：

1. 采取主动。

2. 用行动证明。

3. 发现不同点，而非寻找相似点。

4. 确定对方想要听取你的意见。

5. 先赢得提供建议的权利。

6. 不断提问。

7. 心口如一。

8. 大胆求助。

9. 表现出对他人的兴趣。

10. 赞赏别人，但不要奉承。

11. 表达感激之情。

采取主动

要建立关系，你必须采取主动。你必须先付出，后索取。你试图影响的那个人必须能清楚地看出你愿意为建立关系率先投入。这样主动是不是有些冒险？有这样的感觉一点也不错，因为主动就意味着冒险，冒着被别人拒绝的风险。这样的感觉跟在高中时向心上人表白相差无几。

用行动证明

让别人相信你，需要你去证明给别人看，而非夸夸其谈。你对你自己、你的同事和公司的夸耀，就算有人听得进去，也一定会将信将疑。用爱默生的话说就是，"你的行动太大声了，以至于我都听不到你说了些什么"。

没有证明的言辞本身并无好坏之分，但若希望自己的言辞起到作用，则需要把"语言"与"行动"结合在一起，强化你所要传递的信息。单纯地卖弄伎俩会很快让人感觉到缺乏诚意。

任何建立关系的举动，其首要目的皆是创造机会向对方表明你能够有所贡献。要做到这一点，没有什么比立刻开始做出贡献更好的了。

你将面临的挑战是，如何证明（而非仅仅表明）你：

1. 已经听明白了客户所说的话。

2. 已经领会了客户所说的话对他而言的分量。

3. 已经懂得客户的特殊处境。

4. 已经了解客户的业务。

5. 将会是易于相处并会鼎力相助的合作伙伴。

6. 将会做出独一无二的贡献。

7. 将会信守承诺。

8. 对于处理客户这样的问题有着丰富经验。

我们并不会认为（也不奢望）你对所有这些问题都有现成的答案，实际上我们自己也无法马上回答这些问题。但是我们有一条建议：在你与任何客户（或潜在客户）会面之前，想好你希望在会议结束时客户对你留下的两三个深信不疑的印象。

然后，提前想好，采取什么样的行动才能向客户展示你的相关优点。不是只靠嘴说，要用行动证明。不要即兴发挥，如果你希望客户对你深信不疑，那你应该做好十足的准备，用让人信服的方式将自己展现出来。比如，你所提的问题能让客户看出你提前做足了准备功课：

> 我知道贵公司与 ABC 公司的合并仍在进行中。我想要向您请教的是，贵公司如何克服困难去整合如此多来自不同文化和背景的员工。

或者：

> 我拜读了您在这方面为行业协会所做的演讲材料，查阅了贵公司的新闻稿。我不确定的是，在您的考量中，是否有些选择是您认为过于微妙而公众还没有做好准备接受的？

这样的问题可以表明你细致工作的态度。因为你尊重客户的时间，所以会提前做好功课，并且可以随时直奔主题。

只要不是生搬硬套，小小的行动往往能够跟大动作起到相同的效果。就拿证明自己对关系的重视程度来说，用恋爱做类比，记得伴侣的生日、周年纪念日或其他纪念日可以为你加分。但是想象一下，你在某个并无特殊意义的日子拿一份礼物送给你的伴侣，并且对对方说，"这份礼物没有任何理由，我只是想到自己有多么爱你、感谢你，希望能用这个小小的行动对你为我做的一切说声'谢谢'"。

这正是我们所说的建立关系！

类似的商业行为再明显不过。在并无特殊意义的某一天，给你的客户打个电话，并且说："我一直在思考你们的业务发展，恰好看到了这些资料，我觉得你们会感兴趣。我不觉得我会在其中有所参与，但还是希望能给你们提供些想法。"

这样的行动证明了什么？证明了你关心客户，你站在客户的角度替他们考虑问题，而非仅为自己着想；证明了你能够为客户提供新的想法（有些是好的，有些不是那么好）；向客户证明了你是他们想要保持联系的人。就如此简单的一个举动来说，这样的效果可真不赖。

发现不同点，而非寻找相似点

赢得他人的信任在本质上是说服对方相信，你把他当作独一无二的个人对待，而非某个团体或组织中的一员。因此，当在倾听客户时，你应该在头脑中问自己这些问题："是什么使眼前这个人跟我服务的其他客户不一样？我说话和做事的方式应该做出怎样的调整来适应这种不同？"

然而，要做到发现不同点相当困难。大多数人倾向于相反的做法：喜欢注意那些自己有印象或曾经遇到的事情，因为这样就可以利用以前的经验，使用自己熟知的语言、方法和工具解决问题。

在帮助别人前，你需要理解他们的想法，你必须想办法让他们愿意更多地讲出他们的难题、担心和需要。

约会时，如果想要给对方留下好印象，你不会只想着使用小伎俩让对方听你摆布，这种试图操纵别人的举动很容易被识破。你的目标是（或应该是）尽可能多地找到对方的兴趣、品位、习惯、喜恶，用对方的视角去体会周遭事物。

只有当足够了解对方之后，你才能确定这是不是你想要的关系（你愿意同这个客户打交道吗？）；只有更了解对方后，你才能发现对方真正欣赏的行为是什么（如何让客户喜欢与你打交道？）。

在任何沟通中，最危险的一句开场白是，"客户需要的是……"。无论你之后说了什么，这句话都是错的，因为最重要的是，客户是（也希望被看作）独一无二的个体。

确定对方想要听取你的意见

在顾问常犯的错误里，最严重的一个是认为客户总是想要听取自己的意见。这是一种十分危险的错误认识。在这一点上，打造美满婚姻的秘密值得借鉴。

我们认识一对夫妻，两人都接受过高等教育而且都是成功的专业人士。他们忍不住要去解决（或试图解决）对方的难题。有时，妻子回到家时会显得忧心忡忡，承受着巨大压力，接着就会描述工作中遇到的麻烦。丈夫在这种时候便会立刻进入"解决问题"的状态。丈夫会说，"嗯，你应该试着做 A、B，还有 C"。妻子会回应道，"你不明白，我不能这样做，因为有 X、Y，还有 Z 的原因"。"那你就试试做 1、2 和 3。"丈夫会继续说。

很快，争论（是的，对话已经变成了争论）会进入白热化，双方都会有些情绪激动，产生怨气。虽然给出建议的丈夫是出于好心（当有问题时，解决它！），但是被迫接受建议的妻子会更加心烦，因为她根本不需要别人的建议。同样的情况在两个人角色对调时也会发生。

在这种时候，被迫接受建议的那一方真正需要的是，另一半的耐心倾听，感情上的支持，对自己所面临的困难的理解，并且给自己一个机会通过这样的宣泄在没有威胁的环境中厘清思路。

这样的情景可以照搬到商业环境中。所有人，包括客户，都希望得到肯定、赞成、支持和认可。为了使客户愿意倾听并接受你的建议，你需要锻炼自己的技巧和行为方式，在向客户提供建议的同时，要给予他们肯定、赞成、支持和认可。

同上面例子中那个过分积极的丈夫一样，你需要在一开始抑制住自己的冲动，不要说"我知道怎么解决你的问题，你需要照我说的做"。也许你说得没错，但是如果你急于给出建议，就无法成为值得信赖的顾问，而你的建议也极有可能被当成耳旁风。客户并不总是向你寻求建议，有时他们只是希望你做一个好的倾听者。

先赢得提供建议的权利

商业关系与友情、恋爱关系一样，需要一步步来。两个人关系中的有些阶段必须在别的阶段完成后才能达到。就好像有些举动在第一次约会时会显得不合时宜，而等到交往数月后就变得寻常一样，商业关系中的行为也要按照这样的次序进行。

最常见的违背这种次序的情况，是迫不及待地给出答案。我们经常假定客户与顾问之间的关系仅仅是提出问题和进行专业解答，有时客户会犯同样的错误。

事实上，就重要问题寻求答案绝不是一件可以在如此不经意间完成的事情。我们都希望我们的问题得到解决，但是我们绝不会轻易接受别人的建议，除非给出建议的人赢得了提供建议的权利。

赢得这样的权利包含三个方面：

1. 明白客户所面临的问题。
2. 明白客户对于问题的感受。
3. 说服客户相信我们明白以上两点。

不断提问

"提很多问题，闭嘴，然后用心倾听"是老生常谈的建议，但它的重要性无论怎样强调都不为过。在商业对话中，就像朋友或恋人之间的对话一样，人们并不总是心口如一。当你的伴侣问你，"你今晚想吃中餐吗？"，这可能根本不是一个问题。事实上,大多数时候,这句话是一个请求("拜托,我们今晚吃中餐好吗?"),甚至有时是一个命令("我们能不能,就一次,好歹吃顿中餐,而不是天天意大利餐吃个没完!")。如果人们总是能够心口如一地说话,生活将会变得简单很多。但事实并非如此,人们总是话里有话。

类似地,当客户说"我不确定这个主意是否行得通"时,意思可能并不像字面上那样容易理解。这句话可以有上百种解读,比如:

- "我不喜欢这个主意。"
- "我喜欢这个主意但我不觉得我可以把这个想法推介给我的同事。"
- "这也许行得通,但不是以你现在呈现的方式来做。"
- "我还没被你说服,请继续。"
- "放弃这个想法吧,不然你可就真的变得有点让人讨厌了!"

值得信赖的顾问所具有的技巧在于能够用合适的看似不经意的后续提问来澄清这句话的真实含义。比起一句唐突的"为什么不行?",下面的回应听起来有什么不同?

嗯,我能够理解从某些方面看这个主意在这儿也许无法奏效。能否请您再详细谈一下,是什么让您有所顾虑?

这样讲应该可以使客户开始澄清他刚才所说的意思,让我们知道下一步应该怎么做。

对你的伴侣,你或许可以说:

如果你想吃中餐了,我完全没意见。照我个人的口味,意大利餐我永远吃不腻。但是如果你想换换口味,那咱们就吃中餐吧!

这样说管用吗?换作你,你会怎么说?怎么说对你来说最管用?

心口如一

当然，不仅客户会话里有话，不那么直截了当，顾问有时也会。要有效地提供建议，你必须努力确保你本来想要传递的信息跟别人听到的是一致的。沟通失败最常见的原因是对对方所说的话产生误解，这也是失去信任的主要原因。工作中有多少次你听到过下面这样的对话：

> 甲：你没有在最后期限前完成工作。
>
> 乙：那不是最后期限，我告诉你的是我预计工作可能完成的时间。
>
> 甲：我印象中你不是这样说的，为什么你一开始不说清楚？

永远不要假定对方会读心术。心里怎样想的就怎样说出来，暗示没有用。"孩子又开始哭了，亲爱的。""是啊，又要麻烦你钻出被窝去看看啦，祝你好运咯！"

如果你需要对方的帮助，（礼貌地）说出来。仅仅说"从你的下属那里获取我们需要的材料有些困难"是不够的，仅仅这样暗示没法让你达到目的。对方可能会想，"他们有别的事忙，你得自己想办法"。你需要明确地、毫不含糊地告诉对方：

> 你能否通知他们或者跟他们谈谈这件事情的重要性。如果我们不能拿到需要的材料，工作进度就会耽搁，预算也要增加。我们真的不希望发生这样的事情，除非您想要我们这样做。您希望我们怎么处理这件事情？

注意，说这番话的顾问并没有在客户面前睁一只眼闭一只眼，假装任何事情都没有发生。做值得信赖的顾问并不意味着对客户唯命是从，那是马屁精的行为。实际上，恰恰相反，优秀的、值得信赖的顾问在告诉客户好消息的同时并不怕把坏消息告诉客户。无疑，他们总会以充满智慧和关心的方式，把真实情况告诉客户。

大胆求助

专业顾问常常觉得要赢得客户的信任，必须时刻显示自己技高一筹，保持自己的绝对权威。其实事情完全不是这样。那些标榜自己无所不能，对任何问题都有答案的人，更有可能适得其反（"这家伙在这儿糊弄谁呢？"）。

我们发现，提供建议的举动更像二重奏，而非独角戏。更有可能发生的情况是顾问需要客户伸出援手才能解决眼下的问题。不要害怕向客户寻求帮助。"我并不十分确定如何处理这个问题，我能不能把想法跟您沟通一下？"这种说法将比"交给我吧，没有我解决不了的问题！"更有可能为你赢得信任。

你向客户寻求帮助，表明你的关注点始终在于解决客户的问题，而非保护自己的颜面。邀请客户与你一起解决问题，这是建立信任的绝好方式。

当然，寻求帮助的方式也有优劣之分。

对行家来说，用不易觉察的方式寻求帮助将会非常有效。

一天晚上，凯西走进大卫的书房对他说："亲爱的，我遇到了一个棘手的问题，非常需要你帮忙！"大卫自然地一下子切换到了男子汉和一家之主的角色，说道："当然啦，亲爱的，我能怎么帮上忙？""嗯，你知道，今晚我们有朋友来家里吃晚饭。我正检查准备工作的清单：采购原材料，准备饭菜，布置餐桌，整理房间，买些鲜花，挑选音乐，等等。"

她接着说："我估计了一下完成每一项工作需要花费的时间，看起来在朋友们到达之前，我一个人有可能没法把这些工作都妥当地完成。可我真的希望把今晚招待朋友的方方面面都安排周到。所以，亲爱的，你有什么好的建议给我吗？"

在这种情况下，大卫除了"主动"分担一些工作外别无选择。本来可能让大卫恼怒的命令（"现在，我需要你去做……"）变成了求助的请求。大卫的欣然应允绝非偶然。

这中间的差别可并不小。"命令"通常会让人产生抵触情绪，而寻求帮助会激发积极的反应。人类有一个有趣的特点——我们会对给予过我们帮助的人心存怨念，因为这意味着我们对他们有所亏欠。与之形成对比的是，我们会对我们帮助过的人充满善意。这一现象在罗伯特·西奥迪尼（Robert Cialdini）的《影响力》（*Influence: The Psychology of Persuasion*）一书中有过描述。[一]这种"症状"力量强大，尤其对商业关系有着有趣的意义。比如，试图向客户证明你帮了他多大的忙，尤其试图证明的是事实时，产生负面反应的概率往往跟获得正面反馈的概率一样大，除非是客户主动要求你证明的。

表现出对他人的兴趣

没有什么方式比让一个人滔滔不绝地谈论自己更容易使他相信你是一个对他而言充满魅力、令人愉悦的人了。这可不是（也不应该是）什么虚情假意的伎俩（虽然常常有人就这么利用它）。

恰恰相反，通过这种方式，你可以真正深入地了解一个人，从而找到正确的方式同他交谈，让他也愿意听你讲些什么。如果你想影响一个人，

　　㊀　Robert Cialdini, *Influence: The Psychology of Persuasion*, Quill, 1989.

你必须了解他会被什么影响，要做到这一点，唯一的方式就是提问题，不断地提问，问题越多越好——然后认真听他的回答。

当一个人说"我是这样想的"，恰当的回应不是"可我是那样想的"。相反，你应该找出他抱有这种想法的原因。所以，你应该问"你为什么这样想？"或者"是什么让你得出这个结论？"。他对你的提问回答得越详细，你对他就越了解，从而也就更容易提供既有帮助又能被接受的建议。信任的重要一点是让人感觉，"这个人理解我！"。如果我们对别人抱有真正的兴趣，问题自然而然会源源不断。

我们不仅必须提出问题，还必须记住对方的答案。这个建议听起来有些多余，但实际上并非如此。有些人在遇到他们经年累月没见过的人时还是能够令人惊讶地记得对方说过什么话，做过什么事。亲眼见过这种人后，我们才认识到这种能耐多么有影响力。人们会被这样的记忆力惊讶到，因为这确实不常见。他们的反应会是："天哪！他一定对我非常在意！"表现出有礼貌跟表现出有兴趣有很大的差别，而这种差别在观察者眼里一览无遗。

简单的做法，比如及时记录见面的情况并在下次会面前回顾一下自己的笔记，就非常有帮助。我们可以作证，这种方法随着你的联系人变多（以及你的年龄变大）将变得越发重要。这样做的目的不是使你可以假装出有兴趣，而是用所有可能用到的方法（工具）帮助你展示给对方你真的很在意他（他们）。

赞赏别人，但不要奉承

寻找机会由衷地给对方以赞赏。每个人都喜欢并会感谢别人给予的赞赏，前提是这样的赞赏有根有据。

对忽略根据、刻意奉承的人，意大利人管他们叫"falsi cortesi"（即虚情假意的人）。赞赏必须基于足够具体的事实才能避免被人认为是在刻意吹捧。"你看上去真棒"没有任何可信度。"这身套装的颜色跟你很配"则好很多。一个更好的例子是，"我相信你是一个优秀的领导者，因为我听到当你不在场时你的下属怎么评价你，也观察到你的影响使他们身上产生的改变"。

表达感激之情

每个人都希望被人赞赏。换一个角度来说，没有什么比"感觉自己所做的被别人当作理所当然"更能破坏一段友谊、恋情或信任关系的了。但不可否认的是，无论是在生活中还是在生意场上，这样的事情时有发生。

客户很少全面了解他们所享受的专业服务所依托的专业技能。

进一步讲，虽然客户可能很少（公开地）对顾问的努力表示感激，但他们却指望顾问对能有他们这样的客户表现出自己的感激。

假如你是一名律师，是一名经验丰富的会计师的客户。你的会计师刚刚帮你找到把缴税金额降到最低的方法。你也许根本不会把这件事放在心上，因为你请会计师的目的就是这个。除了支付会计师寄给你的账单，你不会表达什么感激的话语。

但是，如果这名会计师恰好请你为他辩护一桩渎职诉讼案，在法庭辩护中大获全胜的你会想要他在一定程度上对你的工作表示感激。那么这是为什么，作为客户，我们不曾对为我们服务的人表示感激，却指望在为别人提供服务时获得别人的感激呢？

事实是，我们都希望自己的工作被别人赞赏。当然，不是在我们受之有愧的时候，而是在我们真正履行了自己的职责的时候。（适当）对客户

（或我们的朋友与伴侣）表达感激对巩固关系大有帮助！

数字时代的关系

一般而言，现如今通过人与人直接的接触建立信任的机会比 20 年前要少。这并不意味着人与人直接的接触变得不重要了。相反，直接而有效的接触现如今承载了更多意义。在信任建立过程中，对人性的要求并未消亡，挑战却有所增加。

当你的客户或同事身处另一个地方、另一个时区，甚至远在天边时，你如何用更为有限的时间与他们建立信任？

答案似乎显而易见：在数字时代进行有效沟通，最大的挑战是使用科技去营造一种与对方面对面交流的感觉。

下面是一些使数字化沟通更具有人情味的建议。

1. 避免总是倾向于使用"投入最少情感"的沟通方式。毫无疑问，数字技术为沟通带来了巨大的积极意义，单单是电子邮件的应用就堪比活字印刷术的发明。但是，无处不在的数字技术常常让我们在本该拿起电话打给对方时也禁不住使用发送电子邮件或短信这种"投入较少情感"的沟通方式。

2. 尝试沟通媒介的各种功能。比如，在短信中加入表情（当然是在合时宜的前提下，沟通礼节也在不断演进）；在线上会议中尽量开启视频；在网页中多用照片，而非仅用枯燥的文字介绍；等等。

3. 克服科技带来的局限。比如，在电子邮件中多一些私人化的措辞，语气不要过于刻板；在视频会议或电话会议中让自己的语调丰富一些；在开启摄像头时，注意一下房间里的光线是否适宜；等等。

4. 如果你的项目涉及多地团队，而你的预算只够举行一次线下会议，把会议安排在项目的开始阶段，而非最后。这样，面对面的交流所产生的积极效果将会随着项目的开展而不断积累。

5. 打破科技筑起的围墙。在跟位于巴黎的同事或客户开线上会议之前，花 10 秒钟时间查一下巴黎的天气，然后在会议一开始跟对方聊聊今天巴黎的天气。

6. 做好你的数字功课。在线上会议前，在网上查一下参会方的基本情况。把他们的照片保存下来，这样在讲话时你就可以看着他们了。注意：你不需要在会上提到你的这种做法，很多时候，仅仅是自己这样去做就能够改变你在会上跟他们沟通的方式。

7. 让自己的数字形象更加丰满具体。在网上的个人简介中，多写一点关于你个人的信息，让别人有机会了解你的全貌。这并不一定意味着要把政治观点或孩子的姓名等私人信息公之于众，但是诸如马拉松完赛、收集漫画或桑巴舞发烧友这样的个人爱好完全可以写出来与大家分享。在简历中列举个人爱好的传统是有原因的，这种在格式严格的商业文书中加入个人色彩的方式，大家普遍都能接受。

8. 不要只关注让自己的数字形象更加丰满具体，还要多关注对方，让数字化沟通更加人性化。在线上会议之前，了解一些对方学校背景之外的个人信息，让你开口能够说出这样的话："我碰巧注意到你（就某课题写了一篇论文）（在巴黎住过两年）（立志成为一名业余气象学家）"，然后想办法将这些内容跟你的爱好或兴趣联系起来。注意，如果没有什么联系，千万不要生拉硬扯——如果这种话题听上去不是发自肺腑的，那可能多少会让人感觉有些怪异。

第6章

心态的重要性

到目前为止，我们讨论了三种基本技能：赢得信任；有效提供专业建议；建立关系。但是，单单依靠技能无法使我们达到目的。除了这些技能之外，专业顾问还需要拥有正确的心态。最为重要的心态包含：

1. 关注他人。
2. 自信。
3. 内心强大。
4. 好奇心。
5. 具有包容的专业精神。
6. 让行为具有原则性。

关注他人

这一心态用一句格言来总结就是，"比起只为个人利益算计，无私地帮助别人能够带来更大的成功和快乐"。

对某些人来讲,这句话好像是理想化的、精神性的,甚至充满宗教意味。另一些人则可能觉得它代表着一种类似大同之治的信念:宣扬他人的利益先于自己的利益。但是,仔细一想就会发现,这句话正是对以经济利益交换为基础的资本主义所做的最佳定义。要从别人那里得到你想要的,就必须先专注于给予他们所希望得到的!

正如戴尔·卡耐基(Dale Carnegie)所言:"影响他人的唯一方法就是谈论他们的需要,然后告诉他们如何去获得。"⊖注意,卡耐基并没有说影响他人的"最好方法",而是"唯一方法"!

蒂姆的故事⊖

蒂姆·怀特(Tim White)曾是《奥尔巴尼联合时报》(*Albany Times Union*)的发行人,后来是《旧金山观察家报》(*San Francisco Examiner*)的发行人。查理曾经全过程旁听他为数十位管理团队成员举行的一次脱岗会议。自始至终,蒂姆在会议中都展现了他精湛的技艺、冷静的头脑和过人的智慧。但是,使他表现出这些的并非他新颖的观点、对某个技术细节的精通或他对自己决定的解释。他对会议的贡献几乎全部来自他对参会人通过言行举止表现出来的情绪的准确把握。

他会说,"乔伊,你不同意这个说法,对不对?",或者"鲍勃,你对这点还挺在意的,不是吗?"。会议非常成功。成功在于不仅决策得到了制定,而且每个人都感到参与其中,感到他们的想法被重视,整个过程始终处在公平、理性的氛围中。

蒂姆并不缺乏业务实力,而且他自己观点明确。他通过将几乎全部精力集中到观察、理解和协调各方需求上,最大限度地发挥了自己的作用。

⊖ Dale Carnegie, *How to Win Friends and Influence People*, Pocket Books, 1982, p.33.
⊖ Tim White story: Observed by Charlie Green, 1998.

他通过"无为而治"的领导方式达成了"有所作为"的会议结果。

这种在纷繁复杂的干扰面前仍然能始终专注于他人的能力，正是很多人所不具备的。成功地将焦点集中于他人身上不是一种具体的商业技能，而是一种应始终保持的心态。

是什么阻止我们关注客户

根据我们以往的经验，关注客户的首要障碍是一个显而易见的普遍观念，即高技术含量的专业内容足以满足客户对专业顾问服务的需要。⊖这种观念的存在可真是一种讽刺，在一个极其依赖人际关系和心理观察来服务客户的行业里，持技术至上论的从业者却比比皆是。

关注客户的另一个主要障碍是，我们无法在当下将注意力集中在客户身上。在与客户对话时，我们常常会发现自己头脑中产生这样的想法，"我该怎么解决这个问题？""我如何才能让客户愿意花钱购买我们的服务？""当客户说完以后，我要怎么把话接下去？""我怎么才能显得像个专家？"。

如果我们诚实面对自己，将所有这些干扰的外壳剥开，很可能发现其内核是某种形式的恐惧。对难堪的恐惧，对失败的恐惧，对表现出无知或无能的恐惧，或者是对名誉或安全感受损的恐惧。

具有讽刺意味的是，专业顾问工作吸引的常常恰恰是怀有这些恐惧的人。通常，专业顾问是事业心很强的群体，他们勤奋努力，不断地运用专业技能掌握专业技术，克服内心的恐惧。在一定程度上，这样的做法确实会得到回报。在职业生涯的早期阶段，我们得到的教导是要心无旁骛地锻炼自己的专业技能。

在接下来的职业生涯的关键转折阶段，我们要从技术人员向全面的专

⊖　技术人员与专业顾问的更多不同之处，请参考：David H. Maister, *True Professionalism*,
Free Press, 1997。

业顾问转变，从内容专家变成专业顾问。作为技术人员，我们的任务是提供信息、分析、研究、内容，以及建议。这些任务基本上不需要客户在场就能完成。形成对比的是，作为专业顾问，我们的任务是"面对面、手把手"地帮助客户从不同的角度看待问题，挑战他们的决定。这种角色需要全然不同的技巧和心态。

从客户的角度看，诊断和解决问题的先决条件是顾问清楚地了解他个人所面临的困难，无论是个人情绪上的还是公司政治上的。当很多专业顾问发现这些才是客户最为关心的问题时，他们常常感到很吃惊。

一些顾问就没能够越过这道坎。在此之前一直得以保证事业成功的关键，即技术上的精益求精，在这一阶段可能成为我们转变的障碍，于是从一开始就促使我们追求卓越的恐惧感再次袭来。

在专业服务机构里有所成就的人，表现出来的通常是进取心强、思维理性、崇贤尚能，十分渴望有所作为。对这样的人来说，他们会很自然地把注意力集中在自己的个人表现上（很多企业文化也鼓励这种行为）。他们会不断向周围人确认他们的所作所为是对的。这种做法却无助于培养建立信任的技能。从某种意义上讲，在不明白这一点的前提下，这些顾问还能做得不错，不得不说是一个奇迹。

圣公会牧师斯蒂芬妮·韦瑟德（Stephanie Wethered）是这么说的：

> 关键是倾听时要设身处地，这对牧师来说至关重要。这种倾听意味着愿意体验对方的处境，无论那些处境多么让人痛苦。你要通过感受自己的痛苦才能进入对方的心。如果你不知道那种痛苦、那种处境，你将永远无法设身处地为他人着想。要变"我"为"我们"。○

○ Stephanie Wethered quote: Interview with Charlie Green, 1999.

设身处地地倾听是一种重要技能。根据韦瑟德所说，我们能否成功做到这一点直接取决于我们能够在多大程度上感受对方，体会对方的感觉，而这又取决于我们有多么强烈的意愿将自己的利益抛在脑后。

查理最近接触一位咨询师朋友引荐的新客户时就遇到了这个问题。查理与这家客户的首席执行官在第一次电话会议中相谈甚欢，但是也难免在会议后思忖良久，不知这位首席执行官会如何评价他在会议中的表现。

当查理与引荐这家客户的咨询师讨论这次会议时，她告诉查理，她已经跟这位首席执行官交换过看法。这位首席执行官问她："查理喜欢这个项目吗？他觉得我怎么样？"这对查理是一个提醒——在很大程度上，我们都过于关注我们自己。查理的关注点在他自己，而对方的关注点也一样是他自己。

学会关注他人不是立志改变的一时决定，而是一个需要终身学习的过程。

自信

缺乏安全感是引起信任问题的常见原因之一。我们讨论过，在与客户的对话中，我们往往容易过早地"得出答案"。在听取顾问的建议前希望顾问理解自己的处境，这对客户来讲是人之常情。我们明白这一点，但是需要拥有自信去等待，拥有足够的自信去相信在认真倾听和头脑风暴之后，我们仍然会有时间和才能去找到基于专业技术的答案。

我们在这里讨论的并非什么大风大浪面前的自信。我们所讲的自信十分简单，简单到只需要我们有信心将有限的注意力集中到倾听和理解之上，而不是忙着急切地寻找证明我们的价值的答案。

内心强大

内心强大与自信不同。前者所指的是一种能力，即能够将注意力集中到顾问－客户关系过程本身，而不是关注结果所带来的功与过。有一句老话说得好："当不在乎功劳归属时，你便能取得更大的成就。"

功劳的反面是逃避责任。指责他人，或为自己的过错找借口，这样做在生活中通常会带来不愉快，在顾问－客户关系的建设中，逃避责任更是会阻碍我们成为值得信赖的顾问。客户（以及专业服务机构）十分看重那些能够承担起巨大个人责任的人。

但是，承担责任也有可能适得其反。查理曾经与心理学家合作，对成功和不甚成功的咨询师进行测试。测试结果显示，不甚成功的咨询师中有很大一部分人在心理上时刻承担着巨大的负担。这位心理学家解释道，"这群人会觉得公司团建时下的雨都是自己的过错"。换句话说，在通常情况下，勇于承担责任这种积极的态度如果过了头，就会演变成一种无法分清自己能够掌控什么的"妄想症"。

这种"自我担当"虽然看上去并未指责他人，但实际上很明显是另一种形式的高度个人主义倾向。就像只要各种功劳而拒绝任何指责是一种以自我为中心的表现一样，承担"全部"责任也是一种以自我为中心的表现。这两种行为都没有把客户放在首位，因为它们并非基于客观现实。

内心强大使人能够聚焦眼前的工作，而不是谁领功劳，谁被指责。与查理共同完成《值得信赖的顾问实战手册》一书的安德莉亚·豪，同时也是"实干计划"的总裁，她这样描述自己的故事：

> 在连续 6 年以演讲者的身份出席规模庞大的美国人力资源管
> 理协会（SHRM）论坛后，我和我的客户没有接到再一次出席论

坛的邀请。我们的听众最多时超过 1200 人，但过去两年演讲效果确实不尽如人意。好在我们仍是 SHRM 分论坛的演讲者，我心里还是挺开心的。但我们为第 7 年出席论坛所提交的话题全部被否决了。

我不仅为参加 SHRM 论坛的过往经历感到骄傲，而且在很多场合都极力宣传过自己在 SHRM 论坛上的表现。所以这次的遭遇让我感到十分难堪，不想让任何人知道我们被 SHRM 论坛拒绝的事实。对这种事情保持沉默是大多数人都能感同身受的条件反射，而这正是布琳·布朗教授所说的"用温水洗刷耻辱"的体验。我们每个人都有感到难堪、脆弱或难为情的时候，我们也理应有这些感觉，只有那些有反社会人格的人才感觉不到这些感觉。羞耻心喜欢潜伏在阴暗的角落里。布朗教授曾提到 3 种让羞耻心在培养液里成倍增生的环境：隐秘、沉默和成见。

强化我的内心而非自负心的第一步就是为这种局面找到积极的意义——愿意坦然面对被拒绝的事实。这让我不再浪费精力被羞耻感分神，而是投入更多时间在更有意义的事情上，比如根据这次经历总结教训。

很难想到有什么比被人质疑我们的职业操守更加能考验我们的内心是否强大。大卫咨询生涯早期的一次遭遇就是最好的例子。

我被聘请帮助一家大型咨询公司的执行委员会形成他们的战略计划。在一次有数十位公司高管参加的会议上，正当我为他们解释各种不同的选择方案时，他们的首席执行官突然当着所有人的面对我说："你并没有在试着帮我们，你只想让我们随便改变点什么，好拿上你的咨询费拍拍屁股走人。"

　　我当时完全不知道该做何回应，于是没有开口。我感觉到了极大的冒犯：你可以不喜欢我的主意，但怎么可以质疑我的诚信、我的职业操守？会议室里的气氛因沉默变得凝重，直到另外一位高管拾起了话题并继续下去。

　　后来，我仍然依据合同要求继续服务这家咨询公司，也没有人再提起首席执行官的那一番言论。⊖

在这个例子中，大卫保持沉默的做法在一定程度上奏效了。后来，多年的经历让大卫逐渐相信，在这种情况下保持沉默最多只是次优的选择。我们中的绝大多数人都曾经（或几乎必将）被质疑我们的核心动机。在这种时候如何应对至关重要。

　　"正确"的应对方式在一定程度上取决于客户为何会发出这样的质疑，答案可能有很多，而其中大多数答案可能压根跟我们没关系，而是客户自身的问题。这就要求我们因势利导地去应对。

　　其中的一种应对方式，来自我们的直觉反应，注定失败。这种方式就是跟客户去争论孰是孰非。这里有个悖论，即一个人无法仅仅通过声称自己值得信任而说服别人信任自己。让别人信任自己意味着我们必须学习如何通过自身行为让别人真正感受到我们的真诚和正直。这些感受会逐渐积累，涉及我们如何应对难题，日常如何与客户打交道。还涉及我们的做派，我们如何倾听客户，如何弥补专业上的不足，如何解决让人不自在的局面等。简言之，这正是这本书要讲的问题。

　　一个简单的事实是，没有人教过我们如何让人感到值得信任，没有人教过我们当客户质疑我们的动机时该如何应对。没有几个人天生就会在这

　　⊖　Andrea Howe: Interview with Charlie Green, 2019.

种情况下应对自如。因此，我们需要思考，甚至演练，在这种时候各种可能的应对方式。

好消息是，这是完全可以学习的技能。依靠有目的的练习和经验，任何人都能了解自己在别人眼中的样子，并且学习在面对如此紧张的局面时如何应对。经验可以帮助你，同样能够提供帮助的还有提前预想很可能发生在你身上的难堪局面，并有所准备。

好奇心

解决问题的权利需要通过积极主动的倾听来赢得，而积极主动的倾听则是被好奇心驱使的。

展现好奇心的关键是把注意力放在还未知晓的内容上，而非已经知道的事情。"这句话背后的含义是什么？""为什么是这样？""这件事为什么被认为是合理的？"不停地问这样的问题，就是展现好奇心。

当好奇心发挥作用时，对问题的定义就会逐步形成：有迹可循的模式会显现出来，事物会相互发生联系，客户原本的立场会动摇或被重塑，对问题的看法会发生转变，对问题的理解会丰富起来。一开始看上去"正确的"答案，在经过这样的转变后会因为新信息而被"更加正确的"答案取代。好奇心是能够给专业顾问带来更多服务机会的一种心态。

具有包容的专业精神

很多专业顾问认为专业精神的存在意味着他们与客户是分开的两类人。有所谓的"商业人士"，与之对应的是所谓的"专业人士"；有所谓的"公司（企业）"，与之对应的是所谓的"专业服务机构"。很多专业服务机构努力创造一种专业人士有别于（普通）商业人士的氛围。我们认为这是错误而危险的做法，甚至会给专业服务行业自身带来麻烦。专业精神的本质不在于将顾问与客户区别开来，而是要他们协同一致，以帮助客户改变现状。

排他性的专业主义态度（即把专业精神的标签限定在顾问身上）在很多方面显示了它的弊端。它强化了一种错误观念，即顾问的工作是解决问题，而非帮助客户解决问题。它加深了一种错误理解，即顾问必须"控制"或"管理"与客户的互动和关系，而非与客户和谐相处。

具有包容的专业精神意味着承认别人的专业精神并与之配合，意味着充分利用双方的独特才能达到更好的工作成果，意味着一起对工作成果承担责任。

不论什么样的原因，在专业服务领域，很多人都不太善于团队合作，很多人的协作能力都很糟糕，甚至在同事间亦是如此。这也就难怪我们并不总能跟客户展开良好的合作。

很多专业服务机构声称他们支持包容的专业主义，但是我们发现在很多例子中，这样的说法是自欺欺人。我们知道一些咨询公司有不留书面材料的规定，它们担心若是在顾问不在身边进行解释的情况下让客户自己有时间研究这些材料，会让咨询公司失去对项目的"掌控"。我们知道一些律师事务所对于客户可以看到哪些"工作成果"有严格的限制，这无异于一开始就将实质上的"敌对"关系暴露无遗。所有这些做法大多基于顾问与客户"对立"的观念，而非基于包容的专业主义。

让行为具有原则性

几乎所有与我们合作的客户都有某种形式的"指导原则"（"价值观"）（很多员工都背得出），但能定期甚至经常按照这些原则行事的客户却少得多。

据我们观察，这中间最关键的脱节源自 3 个有所重叠的主题：是以建立关系还是完成交易为目的，是采取长期主义还是短期主义，以及职业操守。

是以建立关系还是完成交易为目的

尽管本书为顾问与客户建立牢固的信任关系大唱赞歌，但也有很多时候，以交易的视角看待问题无可厚非。举个简单的例子：当我们的问题很简单时，比起在客服电话中排队，我们更倾向使用网络客服。这也说明单纯聚焦交易本身没什么错，秘诀是让客户来选择。

要处理好这中间的区别实属不易，部分是由于我们常常过于关注如何让他人（客户、合伙人、下属、员工等）改变行为，比如让他们做事时更加以客户为中心。这正指向了一种以交易为目的的做法，因为我们没什么问题，是他们要做出改变，是他们要按照我们所说的做。

如果对方感到你打算跟他们建立长久的关系，保证双方都能从中获利，那么他们会把你想要的给你。这是人的本性，不会因为政治或宗教立场而改变。但是，如果对方觉得你（他们的顾问、经理或同事）只是试图尽可能地从他们那里多拿一点，让他们更卖命地工作，产生更多的收费时间，等等，那么他们会以同样的方式对待你。你在他们眼中就如同他们在你眼中一样，只是一个短期内尽可能压榨出更多资源的对象。

在这种情况下，不会有长期的忠诚度，也不会有对对方的任何承诺，因为你已经明白无误地表明你仅是因为这次临时交易而跟对方打交道，没打算建立长久的关系。如果你把打交道的人当作"他们"，他们将以同样的方式回应。这种情况完全可以预见，也无法避免。

秉持这种做事方式的人，无论他们怎么说自己的目标是什么，实际上他们压根没有打算以建立关系为目的行事。他们这样对待客户，体现了他们在生活中的方方面面与人打交道时的态度和选择。所以要改变的不是他们的日常习惯，而是他们相信什么。

采取交易的视角之所以如此具有诱惑性，还有其他原因。比如说，建立关系要求做出承诺并承担责任，同时也意味着聚焦，做到有所为而有所不为：如果谋求建立关系，你就不可能对每个出现的机会都穷追不舍。要让自己善于建立关系，就必须培养耐心并且学会信任他人。

是采取长期主义还是短期主义

有关长期主义的论述不计其数，我们不打算在此赘述。但是，我们却想指出专业顾问在试图采取长期主义时所面临的实际困难。人们常常混淆指标和结果，特别地，认为短期行为决定了短期表现。过去数十年，管理学一直强调要细化里程碑和评价指标，从而改善短期表现。这种混淆被查理的一位来自投资银行的客户诠释得淋漓尽致。这位客户在一次研讨会上这样说道：

> 查理，你瞧，我读过你们的书，里面的很多想法我也很认同。但是，假如你了解我的话，你会知道我干这行就是为了钱，而且我并不为承认这一点感到难为情。这就是我，这也是我为什么从事这份工作。
>
> 如果达成季度考核指标可以让我赚得盆满钵满，我就一定会想方设法地达成。如果他们把季度考核改成月度，甚至每周，我都奉陪到底。因为我为的就是最大化我的收入。很抱歉，但这是实话。

毫无疑问，说出这番话的投行人士是诚恳的，但他的算计却存在瑕疵。专业顾问要隐藏自己的真正动机几乎不可能，不论这一动机是什么。

如果一个人的动机基于彻头彻尾的自利，别人不会觉察不到，亦会还治其人之身。我们不会对自利（自私）的人报以忠诚，因为我们无法信任这样的人。一旦有人出价更高，或者遇到可以信任的人，我们就会毫不犹豫地离他们而去。

这也意味着自利行为会影响我们长期的成就，而所谓的长期其实就是一系列短期的加总。这位投行人士的短期利益会因他盲目采取短期主义而受到影响。

事实上，无论是长期结果还是短期结果，都会因我们的长期主义行为而最大化。"我们是长期的自利主义者"，这句高盛集团里曾经流行的口头禅很好地诠释了这一点。只有采取长期主义，我们的目标与我们客户的目标才会融合，而这种融合是在一系列短期合作中逐渐显现的。

职业操守

我们对于职业操守有一个简单的定义：职业操守不是通常意义上的"价值观"，而是一种"元价值观"，它使其他所有价值观达成自洽。不自洽的价值观体系也许不是什么妖魔鬼怪，但一定会对信任造成打击。

自己所主张的原则或价值观假如与日常表现脱节，危害将是致命的。对专业顾问来讲，关键不是选择正确的价值观，而是持之以恒地做正确的事情。有上千种理由让人只是"变通"一次，无论变通的是价格、对员工的不公正对待，还是向客户隐瞒实情，总能找到说辞。

我们应该认识到职业操守的价值在于保持知行合一。沃尔特·希尔分享了他的故事：

> 我们提供的是环境咨询服务。我们的一家客户承担了一家《财富》50 强公司的分包业务。双方在合作过程中出了些问题。

一次，我恰巧受邀参加了双方的会议。会议刚刚开始，那家50强公司的一位资深高管出乎意料地走进了会议室，气氛顿时紧张起来。

这位高管环顾四周，气势汹汹地问道："在座有谁看过《黑水》[⊖]这部电影？"

我是会议室中唯一举手的人。这位高管瞪着我，问："你有什么看法？"

"这种事真让我恶心。"我回答道。

这是一个关键时刻。这位高管的出现完全有可能是要确保他们的分包公司会全力避免让他们也陷入杜邦公司所面临的窘境——充满敌意的纪实电影和公关灾难。

"很好！"这位高管继续说："我们绝不会成为这样的公司。我们要对地球的环境承担起责任，在力所能及的范围内让环境变得更好。我们也只会跟拥有同样理念的公司合作。"

在回去的路上，我的团队成员问我："你怎么知道他是怎么想的？假如你猜错了，我们很可能就保不住这家客户了！"

问题的答案很简单，我并没有猜。我根本不知道那位高管对整件事情的态度，但我知道我们的态度。如果我"猜"错了，那唯一的错误就是我们的客户一开始就不该与这样的公司打交道。人生苦短，不应在基本价值观上妥协。而且我相信，当我们按照自己的原则行事时能赚到更多的钱。如果我们保不住这家客户，那就随他们去吧，这就是生活。[⊖]

⊖ 根据真实事件改编的电影，毫无保留地痛斥了杜邦公司在导致整个小镇遭受化学污染的事件中的所作所为。

⊖ Walt Shill: Interview with Charlie Green, 2020.

| 第 7 章 |

真诚还是伎俩

在前面，我们就建立关系需要运用的语言和行为给出了建议。但是，参加我们课程的顾问还常常会询问我们对于"真诚"这个话题的看法。建立信任是否只需使用正确的手段或策略？还是说，要有效地使用这些手段或策略，你还要欣赏客户，在乎他们，或对他们充满兴趣？

更具挑战的问题是：如果你并不真的在乎客户，使用这些手段或策略是否合适？有没有可能在看上去不摆布别人的前提下影响别人的情绪？我们认为答案是肯定的。

让我们用一个例子来说明这一观点。

我们的朋友吉姆·夏普白手起家，靠一己之力收购了一家企业并且使其起死回生。他通过很多方式回报社会，其中之一便是在当地一所商学院教课。每学期的第一堂课，他都会带一部相机，并带一张白布作为背景，为每一位学生拍照。然后，他会告诉他们到下一堂课的时候，他将会记住他们每一个人的长相、名字、本科毕业的学校以及就职的公司。

在接下来的一周里，他会下很大功夫去兑现他对这个45人的班级所做的承诺。他强调说，他并非天生善于记忆名字和面孔，因此需要一遍一遍地"复习"照片和其他内容，通过记忆卡片记牢每个人的信息。

到下一堂课时，每个学生都会到场，想要看看他到底能不能兑现他对班级做出的承诺。他真的做到了，这让他一下子变得与众不同。在整个学期中，每个学生都从不缺席，学生的缺勤次数和退课率为零。

吉姆的做法是事先计划好的吗？显然是的。那这种做法是出于真诚还是在摆布别人？我们可以说答案显而易见。是的，他刻意地使用了技巧，这点他的"客户"也都看得出来。但是同样显而易见的是，在这样做时，他是发自内心地在乎这些学生。否则，为什么一个大忙人要去教授一门对他而言报酬微不足道的课程，还要花费自己宝贵的个人时间去记住每一个人的名字？

我们的建议很简单：如果你在乎你的客户，那么就去塑造自己的行为来表现这种在乎。你如果并不在乎，只想做做样子，那你最终会暴露自己并遭遇失败。

那是不是说如果你并不真的在乎你的客户，就不应该使用我们推荐的策略、技巧和建议？不，这并非我们的初衷。还记得罗杰斯（Rodgers）和哈默斯坦（Hammerstein）的那首《吹一首快乐的曲子》（*Whistle a Happy Tune*）吗？其中有句歌词是这样唱的："当我愚弄别人时，我发现，我也愚弄了我自己！"

一个由来已久的争论是，到底是态度改变了行为，还是行为改变了态度？毫无疑问，这两种情况都有可能发生。但是，改变一个人的行为（比如做出关心的举动）往往比改变一个人的态度更容易达到关心别人的目的，后者要花更长的时间。

真诚，就我们通常所指，关乎一个人的意图。我们总是假定"真诚"必须发自内心。但是，我们的客户只能通过外在行为观察到真诚的表现。他们实际上是基于我们的行为，如给予注意、表现出兴趣、提前做好工作、设身处地地倾听等，从外在观察推断我们来自内心的"真诚"。

因此，问我们是先在乎客户还是先采取行动，就好像问我们应该由内心开始还是由外在开始。唯一正确的答案是，两种做法都对。

以在乎客户作为起点（由内而外），我们可以为自己找到多种可能性，使自己愿意随客户的需求而动。技巧和行为因此可以"落地生根"。

以采取行动为起点（由外而内），我们可以毫无保留地吸收新的知识，接受新的思想碰撞，这些新的知识和思想碰撞会促使我们重新思考，换一个角度看待客户。当我们与客户对问题有了共同的热情，迫不及待地要一起探寻新的可能时，我们便做到了真诚。

"身随心动，莫若心随身往""弄假直到成真"，有时这两种说法都没错，但其实把这些话反过来说也没错。当我们从两头向中间努力时，效果通常更好。

真诚对于信任关系确实至关重要。如果你真诚且能够在客户面前表现出来，那你肯定会做得不错。如果你试着"假装"（即虽然不是真的在乎但会使用一些策略让自己显得在乎），并且一直这样"假装"，你很可能最终可以以假乱真地显示出真诚，无论是对客户还是对你自己都如此。

但是，如果只是偶尔使用一些小伎俩让自己的行为跟以往有所不同，注定失败。这些伎俩很快就会被人识破：不诚恳，不真诚，弄巧成拙。这种行为不仅无用，而且往往适得其反。除非你打算在你要建立的关系中自始至终都这样做，否则没必要"假装"。而如果你能自始至终地做下去，始终做出真诚、在乎的举动，那这样做与真实的真诚之间的不同只存在于理论中。就如杰拉尔德·温伯格（Gerald M. Weinberg）在《咨询的奥秘》(*The Secrets of Consulting*) 一书中所说的，"赢得信任的诀窍是避免一切诀窍"。⊖

⊖ Gerald M. Weinberg, *The Secrets of Consulting*, Dorset House, 1985.

如果你真的不在乎他们，怎么办

我们没有天真到相信人们会去在乎自己遇到的每个人。有时，就算付出巨大努力，尝试了本书（以及很多其他书）里介绍的所有方法，你也可能发现无论如何都无法与客户产生共鸣。这时你该怎么做？

考虑下面的选择：

1. 继续服务客户，但是不再努力与之建立关系。

2. 继续服务客户，继续使用赢得信任的技巧，但是放弃保持"真诚"的想法。

3. 把客户转给你的同事。

4. 终止合作。

这些选择是不是都不太吸引人？

第一种选择（继续服务客户，但是不再试图将关系变得亲密）：你不仅无法获得被信任时的所有回报，而且工作成就感也会降低。我们信奉，"生命短暂，不应该浪费时间与蠢货共事"。对客户来说，假如我们是蠢货，这句话同样适用！你跟客户之间缺少化学反应，可能你跟客户都负有责任。

暂且不论这是谁的过错，如果双方之间没有火花，要么想办法制造火花，要么好聚好散。我们认为第一种选择会让顾问和客户两败俱伤，不应予以考虑。

第二种选择（继续服务客户并且试着假装关心）：就像我们前面所说的，这种做法显然值得试上一段时间。如果你足够努力去寻找与客户的联系和共鸣，通常你都能够找到。但这不是绝对的。假如真的找到了，你是否应该继续假装下去？我们的看法是不应该。我们想不出有什么比一辈子假装在乎别人更糟糕的事情了。如果你真的非常努力地试图与客户建立关系但是没有成功，来看看第三种选择。

第三种选择（把客户转给你的同事）：如果可行的话是很有吸引力的。很少有客户是完全让人无法产生好感的，很多时候恰恰是人与人之间的化学反应在起作用。与你无法产生共鸣的客户也许正是你同事的理想客户，所以请认真考虑这种选择。

第四种选择（终止合作，或者说辞去客户的工作）：不得已的办法，但在有些情况下却可能是没有选择的选择。如果你不能在乎你的客户，成为值得他们信赖的顾问，你的工作将很难有效开展，甚至还会遭遇"反作用"。你也许会觉得财务上的压力将使你不得不继续服务这类客户，但是这样的想法是很短视的。服务一个看得出你心不在焉的客户不会给你带来任何好处。这样做将破坏你的声誉，而这要比你在寻找真正能够让你投入热情去服务的客户时所付出的影响更久远。永远把声誉放在收入的前面！

你也许会想，当项目中恰好只有你一个人时，或当你是项目领导者时，上面的这些建议当然很好。但是，如果你只是一个初级员工或从属一个大团队时，怎么办？如果你不觉得你能放手，与客户终止合作，或者没法将客户转给同事，该怎么办？

我们对面对这种情况的你有三个建议。第一，认清你的内在动机。你确定已经穷尽了所有已知的方法去靠近并理解客户？你确定自己不是找借口去避免项目中的某些不愉快？你确定客户将要表达或已经表达了同样程度的担忧？

第二，全面考虑你的选择。如果你面对的情况并不会对性命、职业生涯或客户关系造成威胁，你要忍受这种情况多久？如果只是几个月而已，恐怕就不值得花那么多精力解决相关问题。

第三，如果问题确实存在而且情况严重，直接向你的上级报告。毕竟他跟你的利益是绑在一起的。如果他让你认识到你的想法是错的，那你至少可以安心。如果你向他证明你是对的，那你可以帮助团队增加向客户提供优秀服务的可能。

如果你们对彼此的意见仍有所保留，那至少你多了解了自己在工作中与他进行合作的能力。这种情况偶尔会发生。但不要忘了一位哲人的忠告，"我一直惊讶于生活中遇到的形形色色的笨蛋，直到我注意到所有这些遭遇的一个共同特征：我本人"。

为什么在专业服务领域，我们会经常回避这个话题？在《专业主义》（*True Professionalism*）一书中，大卫提到，一份调查结果显示，专业人士通常只有 20%～30% 的时间真正欣赏他们的客户，其他时间则是在"忍受"他们的客户。[⊖]

专业服务行业有着众多极具智慧与天赋的人，但是他们中有很多人不太关注生活中的社交技能，在培养情商方面花的心思则更少。这样的人不能接受他们眼中的失败。客户一句"这个方案行不通"，对他们来说就好像客户在说"我讨厌你，我看不起你"。对别人来说可能仅仅是一个简单的社交事实，在他们眼中可能就成了人身攻击。

事实上，很少有人能够与每个人都产生共鸣。有时确实会有"没有感觉"的情况。问问自己，在工作中遇到的人，有多大比例的人会真的吸引你的注意力，让你兴奋不已，或者让你想要与他们一起共事？然后问问自己，又有多大比例的人会让你宁愿辞职也不愿再跟他们多工作一分一秒。处在这两种人中间的（大部分）人很可能决定了你对工作的热情程度。

假定你与大多数人相同，那么你不喜欢的人中至少有同样比例的人也不喜欢与你共事。而处在中间的那部分人，对与你共事的态度也分为不同的层次。

⊖　David H. Maister, *True Professionalism*, Free Press, 1997, chapter 2.

更糟的是，你不喜欢的人与不喜欢你的人不一定是同一拨人。你喜欢与某个人共事不代表对方也乐意与你共事。即使"不喜欢"的比例在顾问和客户两个群体中是相同的，真正彼此欣赏的人的实际比例也要小得多。难怪我们常常遇到不搭配的顾问 – 客户关系！很大一部分的潜在关系是不可能有好结果的。

一个值得注意的规律是，在人际交往中，不存在所谓的"你死我活"，而是要么双赢，要么两败俱伤。如果一种关系对其中的一方不利，就像离婚一样，它最终会对双方都带来影响。谈论双方之间的不同意见不是件容易事，但通常这是最为高效的解决问题的办法，也是最不伤和气的做法。

客户还是朋友？

以上所讲是否意味着你要跟每一个客户成为朋友？当然不是。即使不是朋友，你也可以对一个人产生兴趣。你能做的是把对方当作一个鲜活的个人，避免只把对方看作扮演某个职位角色的"演员"，但不用假装对方是你最好的朋友。客户很快就能识破那些仅仅依靠谈论高尔夫球、足球或类似话题而建立起来的虚假"友谊"。

许多顾问担心跟客户走得太近会显得"不专业"。这种看法我们不敢苟同。对某人表现出兴趣不代表要侵犯对方的生活隐私。我们反而觉得不对客户表现出兴趣才是"不专业"的表现。要说服对方把你当作值得他们信赖的顾问，你首先要说服他们相信你对他们全心投入。麦当劳喜欢这样形容那些服务于它的专业顾问与机构（比如广告公司），"他们的血管中流淌着番茄酱"。

这是否意味着你必须在乎你的客户？是的，如果你想成为值得信赖的顾问，确实需要在乎你的客户。如果你仅仅想成为"服务供应商"，那就不需要真的"在乎"。

阿诺德是一家大公司的董事，罗伯特与他建立起了良好的关系。这可不是件容易的事，因为阿诺德对人（无论是在智力方面还是在其他方面）的要求十分严格。当阿诺德离开这家公司后，罗伯特发现他很难像以前一样对保持与这家公司的关系全力以赴。

罗伯特也尽了最大努力。他显然也很欣赏阿诺德的接替者，并且继续与他们保持良好关系，为他们提供优质服务。他因此从这家公司得到了更多的工作邀约，但他无法像从前一样全身心地投入。他觉得他的表现跟以前并无两样，但是与客户的关系强度却日削月朘。缺了真情实意，单单依靠建立关系的小伎俩是没什么作用的，哪怕是以教授别人这些道理为生的人，遇到这种情况亦是如此。

你应该与客户进行社交往来吗？偶尔的社交活动怡情怡趣，但是赢得信任并不仅仅是凭借打打高尔夫球、吃吃饭或看看戏这样简单的活动。虽然社交活动不是必需品，但做善于交际的人却是顾问必备的技能——是通向客户作为一个鲜活个人的通道，是了解客户的需求、希望和恐惧的窗户。

社交媒体

社交媒体一词在本书初次出版后才出现，在那之后，"真诚还是伎俩"在社交媒体领域逐渐成为一个重要话题。如同其他网络现象一样，社交媒体也经历了不同阶段，一开始它被认为是"理想国"（可以跟任何人做朋友！），随后出现反转，又被很多人看作"反乌托邦"的（"好友通胀"、网络骗局、隐性宣传工具等）。

我们认为社交媒体对信任而言，既非全然正面又非全然负面。基本原则没有变，我们现在只是有了更多的工具去建立或破坏信任。社交媒体的盛行让我们重新审视一些基本问题，比如：关系的建立都有哪些阶段；哪些交往甚密的行为仍然是被社会接受的；我们什么时候是信任他人的角色，什么时候是被人信任的角色；如何平衡公与私之间的关系；等等。当我们决定是否在一则商务动态或私人社交动态下留言时，当我们思索跟新认识的网络好友互动应该与面对网络老友有何不同时，当我们决定哪些动态要设为个人可见、完全公开时，当我们决定是否应该以及何时在社交媒体上发布商务动态时，当我们字斟句酌在社交媒体上发布言论时，当我们决定什么情况下应该以个人口吻而什么时候又应该以职务身份在社交媒体上发言时，这些基本问题都是我们自觉或不自觉会考虑到的。

有不少人和企业把社交媒体当作数字时代宣传成本低廉的高速公路广告牌，把想要传递的信息一股脑地放在上面，其中也不乏咨询公司。更有为数众多的人和企业声称自己通过社交媒体建立了广泛的人脉关系，但是从来没有花心思让社交媒体上的信息彰显自己的特点。这样做绝非“身随心动”的好例子，甚至连“心动”都算不上。

我们怀疑造成这种情况的部分原因是社交媒体账户经常是由技术人员运营的，他们对搜索引擎优化、提升转化率等的相关技术了如指掌，却对业务整体目标和战略一知半解。解决之道便是要让真正经营业务的人认识到，对社交媒体采取如此机械的态度是多么缺乏诚意。

要真正把社交媒体利用起来，就要发布一些对客户和潜在客户而言真正有用的内容，但绝不仅仅如此，还必须主动出击触及客户，带着真诚的好奇心与合作的态度与他们互动。做不到这些的话，就会陷入自我导向的陷阱。我们将在下一章的信任等式中对自我导向进行详细解释。

当我们谈论“真诚还是伎俩”时，其他关系中的隐喻对我们会有所启发。我们中的大多数人对于自己的另一半看中了我们什么有非常准确的直觉。如果对方是真心喜欢我们，可以从很多地方看出端倪，比如愿意与我们一起追求共同的兴趣，或凝视我们的眼睛。

另外，如果另一半的关注点完全放在另外的事情上（地位、欲望、金钱、舒适），我们则会极其消极地应对。志不同，道不合，因为双方的利益不在一起而引致的紧张关系不可小觑。

同样的道理也适用于商业环境。当采购商品或服务时，我们不难发现卖家是否将我们的利益放在心上。大多数人太过在意自己的利益得失，因而无法真正表现出对别人需求的关心。

但是，在极少数时候，当一个销售人员战胜了自己的私念而把顾客的需求放在首位时，销售过程将会变得异常顺利。

赢得信任，最重要的一课，是着眼于顾问－客户关系能够带来的长远利益。没有任何关系是一帆风顺的，所有的关系都有周期。值得信赖的顾问所具有的特质是他们不会在关系进入低谷时落荒而逃。

我们不希望人们把对我们的关心当作他们达到个人目的的手段，只盯着他们他们自己的最终目的。我们希望人们关心我们就如结伴而行的航海家，一起扬帆远航。

那么，我们如何如实地把我们对客户的这种关心表现出来，但同时不忘为我们自己、我们的雇主或生意争取利益呢？对这个问题而言，答案远非一份能力清单或行动指南所能涵盖，而关乎我们的为人，以及我们作为个体如何与他人打交道。我们来看下面这个例子。

奥莫塞德·奥吉米亚（Omosede Ogiamien）是德勤的合伙人。她提到一段颇具挑战的顾问－客户关系。她被邀请加入服务这家客户的团队，在一开始担任一个次要角色。几个月后，她经手的事情的重要等级越来越高，她跟客户的互动也非常顺利。客户最终要求她把全部精力投入到与首席执行官和高管团队的密切合作当中。

查理问她是如何做到的，她的回答直截了当："用心倾听，不加个人主观评判。"她进一步解释道：

> 我清楚地记得第一次与客户的会议。我坐在首席财务官的身旁，她没有预兆地突然拿出一沓文件问我："你对这个运营模式怎么看？"我没有逃避这个问题，而是说："今天是我第一天进组。我见识过很多运营模式，跟我说说，这个模式中你最担心的是什么？"

> 她于是开始讲，并在白板上画，在本子上做笔记。我也记了笔记，我猜她看到后会知道我在认真听她讲。当我感觉要做些承诺时，我说："还有很多细节我需要了解清楚，所以在我做任何承诺前，你觉得还有谁是我应该去聊一聊的？"于是她给了我一些名字。我随后跟她提及的人——沟通交流。

> 在之后的时间里，我做足功课，跟进听到的建议，提出我的看法。遇到我不了解的事情，我就坦诚地说我还不知道。我不怕交谈中的停顿，因为这种停顿意味着"让我们再深入一些"。我不怕客户强烈的反应，因为我想我没有什么可失去的。我把全部注意力放在发现好机会去帮助事务所和客户之上。

> 如果你非要问秘诀是什么，我觉得就是用心倾听，不加个人主观评判。虽然听上去简单，但做到这点，后面的事都会顺理成章。⊖

在反思她的这次成功经历时，奥莫塞德所使用的语言，显示出她注重的是过程，而非终点。"技巧"一词无法准确涵盖她的所作所为。她将真实反映她个人特质的信念、原则和行为融合在一起，在客户面前以最真实的面貌行事。这看上去可能很复杂，但换个角度看，其实一切都很简单。

⊖　Omosede Ogiamien: Interview with Charlie Green, 2020.

在本书的第 2 部分，我们将采取较为正式的方式，为赢得和保持客户对我们的信任这个复杂的话题引入公式、框架。

在第 8 章，我们提出一个有助于理解不同信任要素如何相互作用的公式。这个公式虽然看上去很简单，但我们希望它对本书的主题和相关讨论有所启发。接着，我们将描述一个包含五个阶段的建立信任关系的过程。这个过程将为我们提供一个探索信任随着顾问 – 客户关系的发展而演变的框架。我们将用一章的篇幅描述整个过程，然后在其余章节探讨每一个具体阶段。

第 2 部分

构建信任的框架

THE TRUSTED ADVISOR

| 第 8 章 |

信任等式

在这一章，我们将提出一个显示不同信任要素如何相互作用的公式，以描述信任值。[一]当然，这个公式应该被看作探讨信任这个话题的框架，而非严谨的科学结论。

我们认为信任关系中存在四个基本要素，可以用一个等式来表示，如图 8-1 所示。这四个要素涉及信任关系中的语言、行为、安全感和关注点，如图 8-2 所示。

$$T = \frac{C + R + I}{S}$$

T——信任值
C——可信度
R——可靠度
I——亲近感
S——自我导向

图 8-1　信任等式

[一]　位于马萨诸塞州剑桥市的 Synectics 咨询公司在 40 余年前对信任等式进行了开创性的研究探索，但本书中的信任等式由我们原创。

语言	行为	安全感	关注点
可信度	**可靠度**	**亲近感**	**自我导向**
诚实 信誉 *我相信他所说的话*	可依赖 可预见 *我相信他会采取行动*	谨慎 同理心 冒险 *我相信他会谨言慎行*	动机 注意力 *我相信他对这件事很在乎*

图 8-2　信任范围

我们可以利用人们熟悉的语言来分别分析信任等式中每一个要素所带来的影响。表 8-1 显示了不同要素缺失时造成的不同类型的关系失败。

表 8-1　关系失败

缺失的要素	被形容为
可信度	信口开河
可靠度	不负责任
亲近感	拒人千里
自我导向	心怀不轨

在谈论信任时，多数专业顾问本能地会将注意力放在可信度和可靠度上。"客户知道我既可信又可靠，"他们会说，"但为什么他们不信任我？"

答案当然是因为信任具有多面性。客户可能相信你的专业水平，但是极其怀疑你的动机（涉及自我导向）。客户可能相信你有过人的才华，但是不喜欢你对待他们的方式（涉及亲近感）。

赢得信任要求顾问在信任等式的四个要素方面都做到出色，并且让客户也认识到自己的出色。实际上，我们有证据（见本章随后的内容）表明在四个要素方面做到一以贯之的出色将带来额外的信任感。在职场（和生活）的很多场景中，别人会建议你发挥自己的优势，但是在信任关系的建立上，你更应该弥补自己的不足。四个要素的一致性代表了你的"职业操守"，意味着你是一个全面、统一的个体。我们倾向于信任那些在各个方面表现得和谐统一的人。

当然，在一些极端的例子中，顾问在某个方面的特长可以弥补其他方面严重的缺陷。比如，手艺精湛的外科医生面对性命攸关的局面时（可信度和能力至上），或者一位深具同理心的陌生人在面对情绪崩溃的路人时（亲近感胜过其他要素）。但这些都是极端的例子，在日常的生意场上，一致性和平衡性是关键。

可信度

可信度是信任要素中最容易获得的，但这并不影响它的重要性。大多数专业顾问都会把精力集中在提升专业技能上。而且专业技能相对来说更看得见、摸得着，你（和你的竞争对手）最有可能在这一要素方面做得十分出色。

可信度不仅仅涉及在专业内容上展示优秀技能。它包括内容上的专业和"举止"上的专业。"举止"上的专业涉及我们的外表、举动、反应以及当我们谈论专业内容时的整体表现。它不仅仅取决于顾问关于实质问题的专业水平，还取决于客户所获得的实际体验。就像在第 5 章中我们所建议的那样，我们不仅需要成为可信的人，还要找到办法使客户感觉到我们可信。我们必须用行动证明，而非想当然。

为什么医生总是把医师资格执照和专业证书挂在办公室的墙上？因为这些执照和证书能够迅速向访客展示他的能力与经验，这两点即是可信度的代表。那张引人注目、措辞考究的医师资格执照针对我们的理智，同时迎合了我们的情感。我们从这张执照中不仅仅看到了医生技能的证明，也看到了一种来自机构的认证，这种来自机构的背书让我们感觉良好。医生之所以这样做，目的是减少患者的疑虑，尤其是当他们半裸着身体坐在冷冰冰的检查室里时。

同时，医生也会通过更为直接的方式提升可信度，比如不断给予患者愉快的就医体验，或是准确地诊断病情并提出相应的治疗方案。这两种做法都能使我们相信医生因为丰富的经验而具有可信度，这是理性和感性在共同起作用。

可信度的概念包含准确性与完整性两方面。这两方面与理性和感性相对应。在顾问 – 客户关系中，准确性往往来自理性认知。我们通过检验事实、逻辑以及他人的经验来评价一个人的工作是否准确。完整性则常常依赖感性认知来评估。

当某人的行事风格被认为是准确的时候，我们用"可信的"（believable）这个词去形容他。当我们谈论完整性时，我们会说一个人是"诚实的"（honest）。

在信任等式的四个要素中，可信度需要一定的时间去建立。鉴定可信度中理性的部分（可信），我们可以检验一个人的逻辑，或将一个人的说法跟其他人的直接经验做比较（如"推荐信"）。这用不了多久的时间。感性的部分（诚实）则需要花较长的时间去鉴定，因为要一个人确定一件事的各个方面都被考虑到，需要更长的时间。这些关系如表 8-2 所示。

表 8-2　可信度：理性与感性层面的比较

	理性层面	感性层面
特点	准确性	完整性
反应	可信：没有撒谎	诚实：说了实话，没有隐瞒
途径	证据，直接经验	直接经验

专业顾问应该从关于可信度的这些观点中学到什么？首先，尽管大多数卖方都是基于技术实力来推销自己的产品和服务的，但大多数买方却是（至少部分地）根据情感因素来购买。由于可信度是信任等式中最为显著

的理性要素，在建立信任关系时，寻求理性诉求就如磁铁般吸引着专业顾问。然而，过分强调可信度在信任等式中的作用是一种诱惑，过分强调理性成分在可信度中的作用也是一个让人难以逃避的陷阱。

当然，可信度很重要。提供实用的专业内容，向客户展示顾问的才智，认真思考客户希望获得的指导，这些都很重要。所以，我们自然而然地倾向于把时间花在逻辑、事实上，并不厌其烦地罗列我们的资历。这些努力都直接作用于理性层面。

我们经常忽略的是可信度的感性层面，即向对方传递一种诚实的感觉，从而减轻客户下意识对不完整的信息所持有的怀疑态度。最优秀的专业顾问传递可信度时在两个方面做得尤其出色：对需求进行预估，对通常难以被清晰表述的客户需求进行探讨。

比如，我们可能会问客户："跟我们说说，针对竞争对手的新动作，你都做了什么回应？"这样的问题能提升我们的可信度，因为它显示了我们对情况的了解，或我们提前做足了功课。你也可以这样说："你知道吗，我觉得如果换作我，我可能会考虑 ××× 方面的问题。你觉得有没有可能这对你来说也是需要有所考虑的？"这样巧妙地提出观察心得和建议能够使客户感受到，不仅我们对所讲的内容十分精通，而且我们有能力为解决他的问题带来新的视角。

下面是增强可信度的一些建议。

1. 思考如何尽可能多地摆出事实，除非某些事实会伤害到别人。

2. 不要说谎，哪怕只是对事实进行夸张。任何时候都不要说一句谎话，永远不要。

3. 避免说出可能让人认为没有诚意的话。比如，"当然，我们会把最优秀的员工安排到这个项目中"（真的吗？谁是最糟的员工？谁来决定谁是最优秀的员工？最优秀的员工不会很忙吗？）或者"我们不会写那种只会被扔进档案室里的报告"（真的吗？你在暗示谁会写这样的报告？你的意思是不是说你不会给客户任何书面材料？）。

4. 说话要生动，不要单调无趣。使用肢体语言，注意眼神交流以及音调的变化。向客户展示你对所讲的话题充满热情。

5. 不要仅仅嘴里提到你服务过的客户。当可能真正做到互惠互利时，将你服务过的客户介绍给他们。他们会向对方学习，你也会因此得到回报。

6. 当你不知道答案时，果断直接地告诉客户。

7. 让客户知道你的资历很重要，这将使客户和你自己都感觉更好。网站和线上简介取代了以往简历所达到的效果：在会面前就使对方对你的能力有所了解。但是，切记不要把这种简介做成推销文件，谨慎使用形容词，因为它们可能会让人对你的能力产生怀疑。

8. 放轻松。你知道的比你意识到的要多得多。如果你真的不属于这里，一开始就不应该让自己处于这个位置。

9. 确保你对客户的公司、客户所在的市场、客户方重要人物的个人背景做足了功课，而且确保你所看到的信息都是最新的。即使你已经对客户的生意有所了解，会见当天也可能发生一些你并不知道的"客户新闻"。

10. 没必要炫耀。客户已经假定你能胜任你的工作（或知晓如何处理眼下的问题）。客户真正想考验你的水平的时候实际上非常少。

11. 热爱你的专业，别人看得出来。

可靠度

可靠度是指客户是否认为可以依赖你，是否相信你会始终如一地为其工作。对于可靠度的判断，在很大程度上取决于你与客户合作的次数，这甚至是决定性的因素。我们倾向于信任那些我们熟识的人，对那些我们不太打交道的人则较少托付我们的信任。

如果我们跟你在过去六个月里打过五六次交道，我们对你的能力和水平的了解将多过我们认识你一年但只一起共事过一两次的情况。客户在判断可靠度时，可以借鉴别人与顾问打交道时的经验。但这种经验的借鉴只是暂时的，随时会被客户自己的直接体验所取代。

可靠度在信任等式中是具有明显行动导向的要素。它联结了语言和行为、意图与举动。有无行动导向将可信度和可靠度区分开来。

可靠度在理性层面上几乎就是由使承诺与行动联结的反复体验所构成的。我们根据期限（按时）和质量（按标准）的完成程度来判断一个人的可靠度。这样的判断也表现在一些小细节上，比如隔多久回复电子邮件，是否临时取消约好的会议，是否完成交给他的待办事项等。

可靠度也有其感性层面。当顾问按照客户希望或习惯的方式完成工作时，感性层面得到彰显。我们根据对方在多大程度上能够预见我们的习惯、期望、惯例甚至怪癖，在潜意识中形成对对方可靠度的判断。这些预见体现在他们是否按照我们认为得体的方式穿衣，按照我们的习惯讲话和措辞。在感性层面上，可靠度是通过期望不断被实现的反复体验获得的。

优秀的专业顾问会寻找（或创造）机会，通过做出显性或隐性的承诺并兑现这些承诺，去展示自己在理性及感性层面的可靠度。

让我们来看看美国联邦快递的例子。大多数人认为联邦快递是极为可靠的。之所以这样认为，部分原因是他们的广告向人们传递了这一信息，部分原因则是他们兑现了广告中的承诺。但是，并非所有的好名声都来自他们的服务的"技术"层面。

从下面这些方面我们感受到联邦快递的可靠度：

- 当人们拨打他们的客服电话时，铃响第一声就有人接听。

- 他们的语音留言系统没有那么折磨人。

- 网站上的交互功能又快又好用。

- 他们那看上去和感觉上都很统一的包装。

- 他们的包装拉锁总是可以用同样的方式打开。

- 他们有统一涂装的快递货运车。

- 快递员穿着与其他公司不同、容易分辨的制服。

- 他们那实用而准确的物流跟踪系统。

- 快递员的流失率很低。

- 快递员总是把你的包裹放在同一个地方（你所希望的地方）。

所有这些特点有内在的一致性，加强了联邦快递的可靠度。另外，以上这些细节都是以提升客户友好度为目的来进行设计的，能让客户感到他们得心应手。单纯的一致性不足以创造可靠的体验。一致性必须以客户的偏好为出发点，而非顾问的喜好。

可靠度如何在专业顾问服务中起作用？那些在可靠度上得到颇高评价的顾问不只是按时按质交差了事，他们也不只是简单地保持一致性，甚至不只是非常出色地保持这种一致性。

他们还会在很多与客户接触的小细节上增加客户的好感。在会议开始前发送会议资料是一个例子，随时了解客户的最新动态是另一个例子。提升可靠度在感性层面上主要围绕客户的偏好展开，而不仅仅是从服务提供方的角度出发确保一致性那么简单。

提升可靠度的策略包括在较短的但通常提前约定好的时间里，设定一系列截止日或安排分段交付工作成果。提升可靠度的最有效手段在于感性层面。专业服务机构越是能够理解和回应通常存在于客户潜意识中的解决问题的标准，客户就越会感到心安神宁，越会体会到可靠的感觉。

下面是关于可靠度的一些想法。

1. 在一些小事上向你的客户做出一些非常具体的承诺：明天前找到那篇文章；立刻拨打那通约好的电话；周一前完成初稿；为客户查找某个引用的出处。然后不露声色地按时兑现承诺。

2. 在会议开始前将会议资料提前发送给客户，好让他们有时间提前审阅，这样在正式会议时就会省下一些讨论细节的时间。

3. 确保会议有明确的目标，而非仅仅准备会议议程，并且确保会议达成目标。

4. 迎合客户习惯的术语、风格、格式以及工作时间。

5. 在会议、电话沟通和讨论前，与客户一起商讨议程。客户愿意看到顾问考虑到他们对于时间分配的意见。

6. 在约定的日期前与客户再确认一次。任何对约定或承诺日期的变更都要及时通知客户。

亲近感

在信任关系中，产生差异化最有效也是最普遍的途径是"亲近感"和"自我导向"。与可信度和可靠度相比，"亲近感"和"自我导向"这两个要素则不太常见。人们信任那些他们能与之谈论棘手问题的人（亲近感），也信任那些能够证明他们真正在乎的人（低自我导向）。

建立信任时最常见的败笔是与客户缺乏亲近感。有些专业顾问把在情感上与客户保持一段距离看作一种美德，因此努力保持超然的态度。但我们相信他们这样做不仅会给自己带来风险，也会将客户置于不利境地。

我们更愿意与那些善于与我们建立亲近感的人讲心里话。他们不仅能够与人共情，而且善于将这种共情表现出来。他们会更大方地表达自己的感受，但表达感受的方式不会让人反感。他们不怕暴露自己的脆弱，也鼓励其他人直面自己脆弱的一面。他们言行谨慎、守口如瓶，这些别人都看在眼里。他们不怕提出尖锐的问题，而这些问题若换同样位置的人可能会因为不想引起争论或冒犯而被尽量避免。他们愿意承担一些感性层面的风险将自己"和盘托出"，比如承认自己犯过错、能力有限，或是愿意跟别人探讨自己并不精通的话题。

工作有时是非常私人的。像升迁、确定薪酬、聘用、解雇、更换工作岗位以及其他诸如此类事关重大的决策往往涉及人的情感因素。情感因素也存在于一些更大的商业事件之中，兼并与收购、法律诉讼、养老金计划变更、出售企业以及关停工厂，这些事件往往超越纯粹理性的范畴。成百上千的人的生活会因为这些事件而受到影响。因此毫不奇怪，我们需要通过亲近感走近客户内在的感性诉求。

善于建立亲近感的顾问在客户眼里是"棘手问题的安全港"。这意味着，在客户看来，这样的顾问言行谨慎，因此可以把机密的事情与之分享。同时，这也意味着客户能放心暴露自己脆弱的一面。有些咨询领域特别需要建立亲近感的高超技巧，比如私人财富顾问领域。玛杰里·齐夫林（Margery Ziffrin）这样说：

> 有时你会发现客户在情感上已经把你当成了知己。我有一位高净值客户，她当时正在考虑重新装修一下她的某一处房产。装修费用对于她的财富来说九牛一毛，但她却犹豫再三。最后她终于坦陈自己拿不定主意，并且很直白地问我："我真的付得起这笔装修费用吗？你确定吗？"
>
> 对于她接近 9 位数的财产来说，区区几千美元的装修费完全在她的承受范围内。但你能看出她真的下不了决心。对我来说，

这件事让我再一次深刻认识到客户可以在情感上和私人事务上与他们的顾问走得多近，有时这种关系近乎非理性的。⊖

我们不是说要通过与客户的亲近来分享他们的私人生活。我们的本意是要了解那些与工作相关的个人因素。从这个角度来讲，与客户保持工作上的亲近关系而不涉及他们工作之外的私人生活是有可能的。亲近感指向在工作过程中个人情感上的距离接近度，因此它是信任等式四个要素中最明显的感性因素。在保持相互尊重和维护双方必要的界线的前提下，亲近感来自情感上的坦诚和拓展话题范围的意愿。亲近感越强，与客户忌讳谈及的话题越少。

建立亲近感的过程会不断增加双方所面临的风险。一方将自己的一部分暴露给对方，对方要么予以反应（因此而增加亲近感），要么不为所动（因此而划定界线）。合理的行动靠的是知道什么时候该冒险，什么时候有被对方拒绝的风险，以及在面对拒绝时应该怎样去做。

我们应该认识到，"笨手笨脚"地过快尝试建立亲近感可能会事与愿违。比如，面对会错意，以为我们也像他一样喜爱高尔夫的供应商代表，我们不得不委婉地用"好的，有机会一定"来拒绝他的晚餐邀请；失礼地谈论那些充满个人隐私的奇闻轶事。

害怕犯这种错误（即表示出多过对方能够接受的亲近感）对很多专业顾问来说是巨大的恐惧。但实际上，从我们的经验来看，专业顾问通常会高估犯这种错误的概率和严重性。

即便如此，要去增加亲近感确实让人感到害怕。在所有信任等式的要素中，它是看上去最容易出差错的一个。我们相信可以掌控可信度。我们知道自己的专业能力，或者至少知道有哪些领域我们并不熟悉。我们能够

⊖　Margery Ziffrin: Interview with Rob Galford, 2020.

让人觉得我们为人可靠。只要我们把注意力集中到对方而非自己身上，我们甚至可以慢慢地把自我导向控制在低位。

但是，亲近感完全是另外一回事。看上去它是那种如果出错就会后患无穷的要素，我们会因此将自己暴露给别人，显示自己脆弱的一面。因此，比之信任关系的其他方面，亲近感更多的是要认识我们自己。

有人会把亲近感强简单理解为与客户关系和睦或相处愉快，但高明的专业顾问会更加严肃地看待亲近感。担任大型资产管理公司私人咨询业务主管的波阿斯·拉霍维茨基（Boaz Lahovitsky）这样说道：

> 理财师面对的最大挑战是以牺牲同理心为代价换取对专业技能的精通。成为一名理财师要经过大量的训练：需要考取理财师证书，通过一系列测试，每年持续学习。他们因此在自己的专业领域十分精通，精通程度不亚于律师。但是就算你的财务建议非常出色，你也需要技巧让客户接受你的建议，而只有通过优秀的人际沟通技巧才能做到这一点。
>
> 如何才能招到具有同理心的人或培训出这样的人？同理心是可以培养出来的，但要找到对的人。我们可以在面试环节去发现具有这种潜质的应试者。假如客户说她的孩子有身体或智力上的障碍，你该如何回应？假如你说"哦，那你的风险配置可能需要做一些改变"，或者更糟，你一言不发，那你的表现就不及格。你可以说："哦，天哪，那一定很难吧。能不能跟我说说你是怎么应对的？"当客户冒险说出这么敏感的个人隐私时，你需要带着同理心在相同的层面上去回应他们。如果应试者没法本能地做到这一点，我们会对他有所保留。㊀

㊀　Boaz Lahovitsky: Interview with Charlie Green, 2020.

建立亲近感就如同跳舞，需要每一步都小心翼翼，在采用精心选择的"新舞步"时还需要"放手一搏"，相信事情终究不会那么糟糕。以下是我们的一些建议。

1. 不要害怕！建立亲近感需要勇气，不仅对你来说如此，对其他人亦然。很可能在生活中你已经有建立亲密关系的成功经验，建立与客户的亲近感与此并没有什么不同。

2. 位高权重之人欣赏坦率的性格，但坦率不一定意味着亲近，他们更加看重坦率。位高权重之人常常前呼后拥，传到他们耳朵里的消息都已经过层层润色甚至面目全非。

> 我们认识一位首席执行官，他的高级副手们从不向他隐瞒实情，他因此足够自由地行使首席执行官的职能。但这还不是全部。他和副手们还相当亲近。他们彼此如此熟识，可以生对方的气，可以指出对方的错误，并且不时地向对方的观点发出挑战。这位首席执行官在面对外来的专业顾问时也寻求同样的特质。如果看不到这样的特质，他便会更换顾问团队。当然，我们要学会提不同意见，但是要避免固执地反对别人正确的观点。

3. 发现乐趣。通过了解客户决策时的感性因素，你能够提出其他顾问不曾提出的问题，展现出不同的角度、观点和更开阔的眼界。这对客户来说是舒畅开心的体验，对你来说也充满了服务他人的愉悦。这种做法能帮助你与客户建立起密切的关系，同时能让自己学到很多东西。

4. 要观察自己是否越线，走得太远、太急。问问自己，如果你处在客户的位置上，相应的话题是不是你愿意与对方谈及的？如果回答是肯定的，那你就"八九不离十"了。但这还不够，你仍然需要确认话题、时机和表述问题的措辞是否合适。

想想你习惯怎样提出问题，或是准备怎样提出问题。你会为你的客户留有余地，让他不必被迫回答你的问题吗？在不打算回答你的问题或还没有准备好回答你的问题时，你的客户需要留有情面的"出路"。如果你不能正面回答上述问题，我们认为你可能已经太过逼近这条底线了。设想一下，当客户举棋不定时，对客户说"我感觉到咱们是不是还没准备好"或"你在犹豫"，效果有何不同。第一种说法是对你自己的观察进行陈述（别人很难争辩），而且更有可能得到客户这样的答复，"哦，可能是我对此有些紧张吧"。第二种说法则是指出对方的心理活动，有可能让人觉得你在评头论足、指责对方，从而得到的答复有可能是"不，我没有"，这样对话就很难继续下去。

5. 练习一下。确实，一个人很难通过练习获得浑然天成的技巧，但是你可以试着练习措辞。比如，在需要提出复杂问题或传递令人难以接受的消息时，罗伯特常常会在纸上写下两三种不同的说法，试验每一种说法的效果，然后选出最合适的应用到实际当中。

6. 不要高估风险的负面影响。你到底在担心什么？有些时候你因为担心失去生意机会而害怕说出某些话。但是如果你诚实以对，通常会发现你担心的不是生意本身，而是在扩展亲密关系的边界时感到的不适。商业上的风险常常被夸大了，而看似矛盾的是，冒一些个人风险常常能够帮助我们控制商业风险。

7. 采取主动。亲近感的增进需要一方先冒个人风险，与对方分享自己的所见所思。如果对方回应以相同的行动，亲近感就会有所增加，信任会随之增强。相信客户应该在这种关系中采取主动是一种无穷无尽又无用的内心挣扎。作为专业顾问，你无法控制对方，你唯一能左右的就是自己的行为，承担起采取主动的责任。

做到上面这些能否立刻给你增进亲近感的法力？不能，但是我们希望这是一个开始。许多专业顾问认为，在所有信任等式的要素中，亲近感是要花最长时间建立的。这其实不准确，做得好的话，亲近感可能是最不受时间长短约束的要素。

之前，罗伯特同一家刚刚重组过的公司合作。其中一位曾经被认为前途无量的高管，感觉到自己在新的组织中难有一席之地。没有人和他谈谈他的想法。实际上，他在公司中仍然是被极其看重的，但没有人告诉过他这一点。在与罗伯特的对话中，这位高管抑制不住自己的泪水。

毋庸置疑，这种局面让罗伯特感到不太自在，但这并不重要，重要的是给这位高管一个发泄的渠道，并且承认这样的情况对他来说确实很困难。这样做，罗伯特使这位高管能够继续倾诉，帮助他度过这段充满不确定性的时间。

顾问并没有被请来解决客户个人情感上的障碍，但是当客户在你面前感到足够放松以至于愿意表现出他强烈的个人情感时，信任关系实际上正在迈出重要的一步。想象一下，如果客户从来没有向罗伯特袒露心扉，他们的生意关系会是多么孱弱。

自我导向

没有什么比"只是更关心自己的利益"这一点更会影响顾问在客户面前的信任感了。我们必须努力控制自我导向的水平。

自我导向最极端的形式当然是不加遮掩的自私行径，也就是所谓的"唯利是图"。但自我导向不仅仅指贪得无厌，它包含一切使我们只关注自己而冷落客户的举动。下面的清单显示了那些会对关注客户形成威胁、诱发自我导向的行为。

1. 自私自利。

2. 以自我为中心。

3. 想要显得自己完全掌握局面。

4. 渴望自己被看作聪明人。

5. 脑子里的待办事项清单有一公里那么长。

6. 急于讨论解决方案。

7. 想赢的欲望超过帮助客户的欲望。

8. 总认为自己是正确的。

9. 总想被看作正确的。

10. 总想被看作能带来价值。

11. 因为很多不同的因素而害怕：害怕自己的无知，害怕给不出正确答案，害怕显得不聪明，害怕被拒绝。

简而言之，任何形式的对个人事务的过度关注都意味着没有把客户放在首位，这将直接降低客户对顾问的信任值。

客户能够通过顾问的下列行为看出顾问过分的自我导向。

1. 喜欢将客户的故事与顾问自己相联系。

2. 接客户的话茬，迫不及待地帮他们把话说完。

3. 想要填满交谈中的空隙。

4. 试图显得聪明、机智、幽默。

5. 没法对直接的问题给出直截了当的答案。

6. 不愿承认自己的无知。

7. 用服务过的其他客户来攀龙附凤。

8. 时时不忘提及自己的专业资质。

9. 急于给出答案。

10. 在交谈中总是希望自己说最后一句。

11. 在交谈中从很早就使用封闭式问题。

12. 在仔细听取客户的假设或问题描述前，急于提出自己的假设或对问题的理解。

13. 消极收听，很少给客户自己正在认真聆听的视觉信号。

14. 像看计算机屏幕一样看着客户（即把客户当作单向数据流）。

要成为值得信赖的顾问，我们应该如何显示自己的低自我导向呢？可以通过以下方式（这些行为可以帮助顾问在内心深处创造出对客户的关注）。

1. 让客户填充交谈中的空隙。

2. 向客户询问问题背后的隐情。

3. 使用开放式问题。

4. 在获得相应的权利前不贸然给出答案（当你赢得这样的权利时，客户会让你知道）。

5. 把注意力集中在定义问题而非猜测答案上。

6. 使用思考式倾听的技巧，将听到的总结出来，以确保自己听到的与客户想要说的一致。

7. 不知道时就说不知道。

8. （以尊重客户的态度）理解客户的情感，同情客户的处境。

9. 在形成自己对问题的解释前，试着从客户的角度把故事讲出来。

10. 倾听客户时排除一切干扰——关上门，关掉手机和电子邮件提醒，不时用眼神交流。

11. 当客户过早要求提供解决方案时，有把握地抑制这种冲动。保持在倾听和与客户共同定义问题的阶段。

12. 相信自己有能力在听完客户的全部陈述后为客户带来价值，而非在倾听过程中就这样做。

13. 为沟通失败承担责任。

下面是将自我导向保持在低水平的另外一些方法。

跟客户交谈时，把他们当朋友。即使客户不是你真正的朋友，你仍然可以表现出如朋友般的态度。你的语气和声调可以像朋友一般。你关心你的朋友，在乎他们是不是过得好，而这些都能够表现在你谈话的方式上。你应该用同样的方式对待客户。

想想如果你要对客户未来的成功负责，你会怎样帮助他们。即使你只是作为专家被找来解决他们一时的问题，你也应该把他们未来的成功放在心上。试着把他们的生意当成你的生意。

集中注意力。将自我导向保持在低水平需要对对方保持高度集中的注意力。这并不是说要无休止地把注意力集中到客户（或潜在客户）身上，而是要在每次打交道、调研或执行项目的一开始，就全心投入到与客户面对面的交流当中。

诚实以对自己的兴趣水平。如果一段时间后你仍然对自己的工作缺乏兴趣，要把自我导向保持在低水平就会有些困难。如果你对手头的工作或眼前的客户提不起兴趣，你会难免将注意力更多地放在自己身上。如果这种情况成为常态，那么就是考虑做出改变的时候了，无论是去尝试接触新的客户还是新的领域。如果你有选择的话，你会清楚地知道，人生短暂，不应该浪费时间在那些乏善可陈、毫无激励的事情上。

数字时代向亲近感和自我导向提出了独特挑战。现如今我们每个人都被"个性化"的电子邮件广告和社交媒体消息淹没，而这些广告和信息几乎跟垃圾信息无异。这些广告和信息充其量把我们当作某种类型的客群去定位，但这种定位根本不是个性化的。我们作为消费者，归根到底还是一个个真实的人，而非分门别类的用户画像。

如果跟你打交道的人能够保持较低水平的自我导向，那将带来让人激动的体验。已故的内政部前法律顾问玛丽·道尔（Mary Doyle）曾是罗伯特在法学院的教授。罗伯特仍记得在他第一次期末考试之前几周的一个周末，与她共进午餐的美好时光。

他清楚地记得，当时玛丽对谈话全神贯注，让人感觉没有任何事情比他们的谈话更重要。她很明确地表示罗伯特可以谈任何他想谈的话题，要谈多久都没有问题。

也许当时她并没有意识到，正是那次交谈给罗伯特带来了前所未有的帮助，这对他来说意义深远。这既是因为玛丽给他的忠告，也是因为她所表现出来的全心投入，以及帮助罗伯特解决问题的执着态度。

不时地降低自己的自我导向水平需要巨大的勇气，但回报是丰厚的。拉里·墨菲这样描述道：

> 基于信任的顾问 - 客户关系并非天上掉下来的，而是从一次次接触和合作中生发出来的。我经常听到促进信任关系建立的情景是当顾问向客户说"不"时。
>
> 这种说"不"可以是"不，你不应该去做你问我的那个项目，这个项目的最终结果不会如你所愿，甚至达不到基本要求"，或者是"不，我认为你应该思考一下你的初衷，让我们一起仔细捋一下思路，情况可能不会像你设想的那样发展"。
>
> 当顾问通过这种方式向客户淋漓尽致地展示他们对服务客户的长期追求，甚至不惜牺牲自己的短期利益时，客户能够意识到在自己面前的是一位值得信赖的顾问。[一]

㊀ Larry Murphy: Interview with Rob Galford, 2020.

信任和关系经济学

关于信任的这些讨论是否只是泛泛之谈而无实质？绝对不是。信任同样可以带来真金白银的回报。信任等式可以用来厘清顾问－客户关系中的经济利益，我们为四个要素分别赋值，这一等式就可以用来评估信任关系的等级。评估等级在对不同的关系进行比较时特别有用。

下面我们来简要描述信任等式的计算。我们将通过对一位顾问面对一位新客户和一位老客户时的信任关系进行对比，来显示信任等式的作用。[⊖]

在新客户的例子中，我们可以将客户开始时对顾问的可信度在 1 到 10 的范围内设定为 5，这种设定基于客户对顾问的口碑和开始接触时的感觉。可靠度，因为通常需要较长时间来建立，可以设定为 3。亲近感因为需要更长时间来建立，可以设定为 2。

客户对顾问在一段新的顾问－客户关系中的自我导向水平可以设定为 8。这么设定是因为，基于以往经验，客户通常都会假定顾问是以谋利为主要目的的。这一认识可能随着客户对顾问的了解而改变，但是在开始就认为对方具有低自我导向水平的情况很少出现。

我们由此得到新客户的信任值为：

$$(C+R+I)/S=(5+3+2)/8=10/8=1.25$$

现在让我们来看合作较为成功的老客户，其等式分子的数值会高一些，分母则较低。

老客户的信任值为：

$$(C+R+I)/S=(7+8+5)/4=20/4=5$$

（如果你认为我们的设定不准确，请用你自己的数值代替。计算本身很

⊖ 关于新客户、老客户经济利益的进一步讨论，请参考：Frederick F. Reichheld, *The Loyalty Effect*, HBS Publishing, 1996。

简单。）我们在表 8-3 中总结了计算结果。

表 8-3　计算结果

	新客户	老客户
可信度	5	7
可靠度	3	8
亲近感	2	5
自我导向	8	4
计算过程	$\dfrac{5+3+2}{8}=\dfrac{10}{8}$	$\dfrac{7+8+5}{4}=\dfrac{20}{4}$
信任值	1.25	5

上面两个例子结果之间的比值（即 5/1.25，或 4）即为一个能够指向利益关系的数值。同其他许多研究者一样，我们发现与我们合作的专业服务机构从新客户身上赢得生意所要花费的成本是从老客户身上赢得生意的 4 ~ 7 倍，信任等式向我们揭示了赢得新客户的代价如此高昂的主要原因，同时提供了解决问题的方向。

新老客户之间的这一信任值比值，与高利润公司和低利润公司之间的比值接近。能够留住老客户的关系必然是高度信任的关系。基于信任的客户关系战略是能够带来回报的战略。

信任值

本书初版出版以来，我们意识到信任等式其实是一个很有用的自我评测工具。我们将相关测试发布到网上，已经有超过 10 万人做了测试。我们对这些测试结果进行了一些分析。

- 对结果进行的回归分析显示，最能影响信任值的要素是亲近感，自我导向紧随其后。

- 从平均值看，女性对自己信任值的评分更高，男性也对这一结果表示认可。最重要的原因是女性在亲近感上的得分较高，其他要素的得分在男女之间基本相同。

- 年龄与信任值高度相关：年龄越大，我们对自己信任值的评分越高。（这个结果合理吗？问问你自己，你觉得自己比 19 岁时更值得信任吗？）

你可能会怀疑这一自我评测工具的效力。像盖洛普这样的公司对专业领域做的一些关于诚信和职业道德的调查为以上分析得出的结论给出了间接佐证。在美国，有非常一致的结果表明，护士这一 89% 的从业者为女性的职业信任值得分最高。忽略性别因素，我们在工作坊中发现，人们认为护士这一职业与信任值有最强关系的要素是亲近感。

我们的工作坊对上述年龄和性别上的分析结论提供了进一步的佐证。在公布我们的分析结论之前，我们通常会让参与者预先猜测一下。结果高度一致，在 300 期工作坊中，有 297 期的参与者猜对了我们的分析结论。就亲近感作为首要要素这一点，我们的调查结果没有这么极端，但大部分人凭直觉得出了同样的结论。

| 第 9 章 |

信任关系的建立

在这一章里，我们介绍一组基于前面章节所述内容但有所不同的新概念。从这一章开始，我们将用多个章节深入地研究建立信任的过程，试图为更好地理解建立信任提供框架。

我们认为信任关系的建立分为五个阶段。在这一章中，我们将对每个阶段进行定义。在随后的章节中，我们将详细地讨论每个阶段的内涵。

如图 9-1 所示，用最简单的形式表述，这五个阶段分别是：

图 9-1　信任关系的建立

表 9-1 总结了信任建立过程中的每个阶段、行动、客户的主要感受，以及顾问在成功完成相应阶段后能够得到的好处。

表 9-1   对信任建立过程的总结

信任建立的阶段	行动	客户的主要感受	对顾问的好处
1. 客户委托	将注意力集中	"这个人值得我与他商讨此事……"	赢得听取和讲述真相的权利
2. 倾听	少说多听；认可和确认	"他认真听取并理解了我的想法。"	赢得描述或定义问题的权利
3. 界定问题	清晰坦诚地表述问题的根源	"这确实是问题所在！"	看到问题的全貌以开始必要的行动
4. 构想	勾勒一个别样现实的愿景	"我们真的能做到吗？结果看起来很有吸引力！"	愿景具体化；明确目标
5. 承诺	对计划取得一致意见；做出承诺	"我同意，我理解需要付出的努力。让我们齐心协力完成它！"	开展解决问题的行动

客户委托

作为建立信任的第一阶段，"客户委托"这一阶段的主要目的是使客户认识到两件事情：①这一问题值得讨论；②这一问题值得与我面前的这个人讨论。

这两者必须同时具备才能真正让客户愿意互动。我们都有过这样的遭遇，虽然客户愿意与我们进行讨论，但是不肯承认所讨论的问题对他们很重要。我们都曾遇到这样的客户，有时甚至是常年合作的老客户，他们承认有新问题出现，但是并不觉得我们可以帮上忙。显然，在这两种情况下都不可能提高客户的参与度，即不可能产生客户委托。

要注意，"客户委托"这一阶段并非只在第一次与潜在客户见面时会出现。同样重要甚至更重要的是，要从现有老客户那里得到"再次委托"

的机会以便帮助老客户解决新需求。在上述两种情况中，我们作为顾问都必须对所涉及的问题采取坦诚的姿态，向客户显示我们是值得他们就眼下的问题展开讨论的对象。

倾听

成功的倾听，将使客户在这一阶段逐渐相信顾问对他们的问题有所理解。倾听在建立信任中的作用，是赢取进一步共同探讨双方想法的权利。

有效倾听意味着必须积极、敏锐、警觉、活跃并且充满互动，但这些只是有效倾听的开始。

成功的顾问会听出对方话的字面意思和背后隐藏的含义。另外，顾问有必要确认并核实自己所听到的是否为客户实际所指。我们不仅要倾听，还要让客户感受到被认真倾听。这是赢得采取进一步行动的权利的关键。

界定问题

成功地界定问题既是建立信任的手段，又是随后可以提出建议的重要前提。在这一阶段，顾问帮助客户从方方面面明确认识他们所面临的问题。界定问题阶段必须始终围绕客户的核心利益展开，建立对问题的描述，提出假说，并树立观点。在界定问题这一阶段，客户能够明显感到顾问所能带来的价值，由此使双方之间的信任关系得到显著加强。

我们在第 14 章将会看到，顾问也许可以通过理性的推断来澄清问题，但也可能需要基于期望的或感性的框架重新定义客户的问题。界定问题的过程很少是单纯的逻辑求证过程，这一阶段的工作目的是揭示并且厘清客户所面对的问题，帮助各方理解问题并达成一致。在此基础上，解决问题的过程将更为清晰明确，更有可能使客户与顾问达成共识。

构想

对问题进行界定之后，很多人也许会觉得下一步自然是解决问题。我们不这样认为。任何问题，根据客户希望达成的目标或状态，都可以有多种解决方案，而选择的多样常常容易引起各方的误解。把构想阶段放在界定问题阶段之后，就是为了使客户和顾问双方对未来的设想（或选择）更加具体化，并达成一致。也就是说，通过共同构想，客户与顾问可以想象和细化最终的结果，而不必急于过早地着手解决问题。

构想至少着眼于解决以下问题。

1. 我们的真正目标是什么？

2. 达成目标意味着什么？

3. 我们怎么判断已经达成目标？

在构想过程中，顾问可以问：

我知道你想要更健康的生活，我们肯定能够提供帮助，但是你打算进行多少锻炼？你想要把体重减掉 10 斤[⊖]还是 30 斤？你的期望是多少？我们只有考虑了你的选择所带来的所有可能影响，了解了你的目标，才能决定如何帮助你。你真的要把减掉 30 斤体重和戒烟同时作为目标吗？你确定这是你想要达成的最终结果吗？你是否已经做好充足的准备？你要不要在决定前降低一下标准，以确保你不会因为把目标定得太高而过早放弃？

⊖　1 斤 =0.5 千克。

有些时候，顾问可以通过帮助客户畅想最理想的结果来激励客户。但有些时候，构想阶段也需要顾问根据自己的经验和知识适当降低客户的期望值。

执行得当的话，构想阶段将使客户开始了解他们真正的目标，并且以实事求是的态度定义这一能够达到的目标。需要承认的是，有些时候，即使是客户自己认识到的问题也不一定能得到解决，而这恰恰是客户的选择。客户也许觉得未来能得到的好处不值得他下功夫去解决，因此可以暂时把相关的问题放在一边。

构想的另一个好处是能为客户和顾问随后及时而深入的沟通建立范本。安永的资深合伙人马克·霍恩与我们分享了他的经历。

> 我当时在埃森哲。我面对的是一位首席运营官，一位出了名难应付的客户。我要向她推荐一个非常稳健的项目，可以为这家公司在每股净收益 1.25 美元的基础上带来每股 0.05 美元的额外价值。但有一个问题：多年前她被老东家裁员正是埃森哲导致的。往轻了说，这也是个棘手的局面。
>
> 一位同她相识的好友这样建议我："给你，把这 5 枚 1 美分硬币拿在手里，跟她开会时，在一开始就给她。"这几枚硬币代表我们将会提供的价值。虽然觉得有点装腔作势，但我还是采纳了他的建议。
>
> 我们最终拿到了这一单。直到多年以后我才知道，这位首席运营官一直把那些硬币放在她的办公桌上。当然，它们是一种隐喻，但它们同时是一种看得见、摸得着的象征，代表着对她来讲真正需要关注的事情：每股净收益实实在在地增长。这一举动的效果非常好：这 5 枚硬币触及了对她来说真正重要的核心。

承诺

就像减肥一样，客户也许清楚问题出在哪，急迫地想要去解决这个问题，但是他不仅不确定要付出怎样的代价才能达到目的，而且不知道自己是否有足够的意愿付出这样的代价。

承诺阶段在建立信任以及提出建议过程中的意义，是确保客户理解完成目标所对应的理性上、感性上以及公司政治上的复杂要求，并且帮助客户树立兑现承诺的决心。

立下承诺之后，客户和顾问必须一同采取行动。顾问必须保证十分仔细地设定好客户的期望。只有认真研究细致的承诺过程，顾问才能知道接下来应该做些什么。只有做出承诺后，客户才会相信顾问是在按照自己所希望的方式行事。

在这一阶段，顾问为客户带来的价值在于帮助客户理解他们解决问题需要付出的代价。信任的建立来自顾问开诚布公地与客户讨论所要面临的挑战和涉及的风险（"他们对我有话直说，不像其他人，摆出一副可以解决一切问题的架势，恨不能把月亮都摘下来给我。"）。

另一种角度

可以用另一种角度去看待这五个阶段。

1. 客户委托：使用表示兴趣和关心的语言。

"我一直在考虑你们的竞争对手，我觉得……"

"你的同事一直在跟我说……"

2. 倾听：使用表示理解和同情的语言。

"请多讲讲关于……的细节。"

"这背后有什么原因？"

"天哪，那感觉一定很……"

3. 界定问题：使用表达不同视角的坦率语言。

"我认为有三个显而易见的主题……"

"你知道，在这件事里最困难的将是……"

4. 构想：使用表示可能性的语言。

"……这样做岂不是会效果很棒？"

5. 承诺：使用表示一起合作的语言。

"这样做需要我们双方做出什么努力？"

所需技能

建立信任的五个阶段的感性基调非常不同，这要求顾问使用不同技能来完成相应的任务。

1. 客户委托要求顾问能够（令人信服地）吸引客户的注意力。

2. 倾听要求顾问能够理解他人。

3. 界定问题要求创造性地观察和情感上的鼓励。

4. 构想要求协作和创造精神。

5. 承诺要求顾问具有激发热情，同时能够避免头脑发热。

每个人都很自然地倾向于发挥自己最为擅长的能力。这种倾向在信任建立过程中也存在。我们的一位客户代表（来自一家战略咨询公司）在面对信任建立过程的五个阶段时说，"在这个过程中，最有效果的、最有可能奏效的阶段（即比起其他阶段最能增加信任的）是界定问题"。

另外一家公司（一家变革管理公司）的客户代表则指出倾听和构想是关键阶段。再换一家公司，则可能推崇客户委托阶段，因为它需要将客户的注意力吸引到某一特定问题上来。

但实际上，没有任何一个单独的阶段是"最为"关键的。每一个阶段对于信任建立的过程都必不可少。客户认为一个阶段是否在信任建立的过程中起关键作用，不仅仅取决于具体的问题，更取决于顾问所采取的沟通方式。

在接下来的章节中，我们将就每个阶段展开详细讨论，并提供具体执行的建议。

| 第 10 章 |

赢得客户委托

客户委托是建立信任关系的第一阶段。在这一阶段，客户将第一次意识到眼前的（或视频通话另一头的）这个人也许可以对解决（特定）问题有所帮助。这既可以发生在新客户身上，也可以发生在现有客户身上。

许多顾问相信信任的建立始于倾听。但是，在此之前，顾问一定还要做些前提工作，才能使客户真正开始讲述他们的需求。这样的工作要将顾问与客户联结在一起。我们管这样的工作叫作"赢得客户委托"。

对客户来说，将解决问题的任务托付于人不是件小事。不管客户面对着什么样的问题，要把它提出来都需要心理铺垫，都需要冒些个人风险。除非客户决定投入时间和精力解决眼下的问题，甘愿冒这个风险，否则客户委托阶段的工作无法达成。要潜在客户做出这样的决定，需要他们对结果有些信心。

客户要应付很多想要占用自己时间的人。最近，我们旁听了一位杰出的财务总监向审计合伙人讲述他对专业顾问所持期望的演讲。他提及，会计师事务所或者咨询公司的人总是不断地想方设法安排与他会面，但他真的希望会计师或咨询顾问能在这样的会面中给他提出更有价值的建议。遗憾的是，很多人见面后"只是问我有什么棘手的问题，他们很愿意听听。他们没有带着任何有价值的东西来见我"。

客户不会仅仅因为我们愿意倾听就开口，即使已经打过交道的老客户也不会，因为他们首先要觉得我们值得他们开口。客户需要心里受到某些触动才能让他们愿意向我们倾诉。试想一下你的个人经历，你愿意向谁倾诉衷肠？谁会向你大倒苦水？

我们如何让客户愿意与我们打交道？在一段关系中"司空见惯"的认知和期望，有可能被某种触动或惊讶所改变。专业服务机构在近些年已经做出改变，开始在可接受的范围内使用一些出其不意的手段，或让对方感到触动，来改变对方的预期，以此赢得客户委托。

赢得新客户委托

我们曾见过客户在向一家比萨全国连锁企业投标时把标书装进比萨饼盒里。可能听上去这有些做作，但把客户的商标放进面向这家客户的演示文档里似乎是显而易见的常识。可专业顾问往往过分担心这样的方式显得不专业，因此还没尝试就打消了很多类似的念头。

很多类似的例子都揭示了同样的原则，即如果能让客户看到我们试图改变原有的工作方式以适应不同客户的服务要求，让客户感到我们愿意在沟通方式上做出变化来吸引他们的注意力，这样的行为便非常有感染力。

我们所说的感染力并不仅仅针对推销服务，而是从信任建立的基础出发。我们要表明自己愿意进入客户的世界，无论这种意愿以怎样的手法象征性地展示出来，我们都要使客户感受到：

也许这些人与其他人不同。他们真的在试图吸引我的注意力。我想他们至少赢得了与我进一步商讨问题的权利。

这便是信任建立的开端。

麦肯锡资深合伙人、合伙人培训主管阿舍特·梅塔这样看待这一话题：

信任最终是人与人之间的关系，因此在信任建立时要关注每个人的习惯和观念。比如，关注对方的成长背景。有些人白手起家；有些人看重他们以往成功的经历和家族传统；还有些人，职业生涯中的事件和经历也许是影响他们的关键。

所以，对顾问来说，重要的是如何与这些不同的习惯和观念产生共鸣，然后建立某种联系作为信任建立的基础。对我来说，这是需要长时间从经验中学习的技能。现在我已经学会积极地去寻找这种联系。⊖

其他一些可以让客户感到你在为他们做出改变的做法包括使用客户网站的格式和风格来包装你所要传达的信息。也许你可以将客户的产品以有趣的方式融入你的展示。我们也听到过成功使用视频、音频甚至由顾问现场表演的例子。所有这些做法都在打破固有模式，能让客户感到耳目一新。

如果你有充足的时间，或有研究部门的支持，你可以从行业杂志、行业协会以及互联网了解潜在客户的很多信息，包括他们所面临的棘手问题。有一家知名的咨询公司，他们的成功就是源于这样的策略，即精心选择他们会去争取的潜在客户，然后在第一次与客户接触前就对其所在行业开展十分详尽的分析。他们不只是收集数据，而是真正进行分析，并梳理

⊖　Asheet Mehta: Interview with Rob Galford, 2020.

出一套深刻的见解和观点。然后他们会联系客户并告诉对方：

> 我们对贵公司所在行业有一些独到的见解，希望能够与您见面并分享这些信息。我们不会因此收取任何费用。我们当然不会假装比您还要了解您的公司，但是我们认为我们有一些稍稍不同的想法和观点可与您分享。不知我们是否可以约个时间与您当面探讨？

在第 5 章中我们提及的建立关系的原则，即"采取主动""用行动证明"，在上面的例子中得到了完美体现。同时，这个例子也是通过赢得信任来赢取业务的典范。

在《疲劳销售》（*You're Working Too Hard to Make the Sale!*）一书中，威廉·布鲁克斯（William Brooks）和汤姆·特拉维萨诺（Tom Travisano）建议顾问要快速地向客户表明他们理解"客户的渴望"。[一]不是客户的"需求"，而是他们的"渴望"。而且，不是满足客户的渴望，而仅仅是表明他们的理解。换句话说，我们必须迅速地对客户认为真正有意义的事情做出回应。

为什么这样做可以吸引客户的注意力？因为太少有顾问能够真正成功地跳脱出基于自我认知的世界观，去关注以客户为中心的世界。

我们过多地关心自己的事情，而这种以自我为中心很容易被别人看出来。我们担心自己说出的话，我们对陈述演示一次次排练，我们检查衣着面容，我们反复修改提案。所有这些举动都是自我导向的，而非真正关注客户。当一名专业顾问能够突破这些障碍，清晰明确地表述客户真正的渴望时，他便能触动人心，创造赢得客户委托的机会。

㊀ William Brooks and Tom M. Travisano, *You're Working Too Hard to Make the Sale!*, Richard D. Irwin, 1995.

在数字时代赢得客户委托

在建立信任关系的全部五个阶段中（客户委托、倾听、界定问题、构想、承诺），客户委托也许是受数字化变革影响最大的一个。在赢得新客户委托上尤其如此。在以前，不涉及具体内容的接触与随后全面涉及具体内容的首次会见之间有非常明确的区分。但现如今，这一区分已经变得非常模糊。与客户的接触方式有很多层次，所涉及的内容多少也各不相同。但是大体上，现在的客户在关系的初期就会预期得到大量实质性内容，甚至是在第一次线下或线上面对面的会见或通话前。

总体来讲这是一件好事。作为消费者，我们中的大多数人都希望在不需做出具体承诺时就获得一些基本信息。试图以这些基本信息为诱饵获得第一次会见机会的顾问很可能惹恼对方，而非得到会见的机会。

但没有必要担心。在数字环境中获得客户委托的机会完全是可行的。但这要求我们提高自身的沟通技巧，区分哪些话题需要面对面的接触，哪些不需要，并且愿意在信任建立的早期就与对方分享一些初步的想法。

赢得现有客户（再次）委托

在我们把私人关系与客户关系进行类比的过程中，如何与已经建立长久关系的客户开展新的委托成为一个问题。如何与现有客户再次建立委托？如何在更长的时间里或在数次合作后仍然保持新鲜感？我们如何不被看作墨守成规？我们如何让现有客户不怀疑我们与之合作的动机？

无论是在工作中还是在生活中，在建立关系的初期，是那些新鲜的、有趣的、令人兴奋的事情让双方的关系起步。在已经建立起来的关系中，要让客户继续袒露心声，专业顾问需要与时俱进，在言行上仍然保持新鲜和有趣。

现有客户通常会给我们机会陈述想法。但更要紧的问题是，他们是否愿意参与到这场对话中，并与我们坦诚相见？事实证明，他们并不总会如此。我们都有过这样让人泄气的经历：当我们带着我们认为是热点或事关客户利益的消息前去会见客户时，遭遇的却是对方无动于衷的表情。

对现有客户，我们可以说：

> 苏珊，我们一直在关注你和你竞争对手的网站与新闻，我们注意到你的竞争对手们正在采取一些非常重大的举动。我们还没有形成成熟的对策，但是对于你可以如何回应已经有了一些初步的想法。你或你的团队是否愿意当面讨论一下这些想法的细节？当然，我们不会因此收取费用。我们不想干涉不该我们操心的事情，但是如果你愿意，我们已经准备好与你分享我们的发现。

成功的方式常常（但不总是）得益于之前跟客户合作或沟通时积累的知识。下面是一些相关的例子和相应的语言。注意这些语言的使用，以及它们的言外之意。

1. 对客户竞争对手的行动表示担忧。

> 你的竞争对手正在提升产品在市场中的知名度，我对他们的这一举动有所担心，希望能与你讨论一下。

2. 对客户个人所面对的职业挑战表示理解。

> 我一直在观察贵公司内部关于接班人的计划，以及它可能会怎样影响你的决策。

3. 对某一管理问题提供解决方案。

前一阵你提到你对两个集团如何整合的问题有一些担忧，我想就此事与你分享一些我的看法。

4. 表现出连贯性和对事态发展的关注。

我一直在不断考虑你四周前提到的那件事。

以上这些是基于行业竞争、职业生涯、个人事务可能采取的不同沟通方式。它们与基于专业内容的沟通方式形成了对比。后者常常在客户关系的早期奏效。在客户关系的早期，顾问还没有赢得与客户讨论职业挑战的权利，或者还未获得相关领域的知识。但是，在随后的关系中，这样的对话变得合情合理。

赢得现有客户委托不仅仅要选对话题，选对时机同样重要。当我们收集到对客户有价值的信息时，一个十分重要的步骤是按照紧迫性和重要性来衡量与客户接触的时机。

史蒂芬·柯维（Stephen Covey）在他的著作中总是使用紧迫性和重要性之间的关键差异来解释个人效能。[⊖]在建立信任关系的过程中，这种方式同样适用——我们都知道当我们发现没有时间去考虑重要事情的处理方式时是多么恼火。

赢得现有客户委托需要选对话题和时机。我们与客户面对面接触的时间本来就不多，如果选择不当，成功的机会就会变得越来越少。下面是我们认为有用的两条经验法则。

首先，根据客户的时间介绍相应的话题（令人惊讶的是，很多顾问甚

⊖　Stephen Covey, A. Roger Merrill, and Rebecca R. Merrill, *First Things First*, Simon & Schuster, 1994.

至连客户有多少空闲时间都不问清楚）。如果客户留给你的时间有限（如经过走廊的时间或 5 分钟），那就把重点讲清楚，从紧急的开始，然后提及重要信息（就算只是提及关键词或重要观点也没关系，这样做以便日后回头做详细解释）。如果你有多一点的时间，那就从重要的开始讲起，留 5 分钟时间在最后讨论需要马上进行处理的紧急问题。这两种方式都会为你从客户那里赢得时间。

其次，不要害怕抛出你的话题。即便你无法对所提的话题有面面俱到的认识或显得对其已深思熟虑，也得把话题提出来。我们几乎不可能有足够的时间来展示自己对问题的理解和对客户的关心，但即使只是显出对客户关心的迹象，也可以使我们处于更有利的地位，甚至多年以后仍然能为我们带来收益。

赢得新客户委托的具体技巧

与新客户展开委托不单单依靠运气。下面这些做法可以帮助你增加幸运之神眷顾的机会。

将所有关于新的潜在客户的信息一网打尽。不对客户公司和相关个人做详细调查及搜索的人将错过最简单高效的认识客户的机会。在做这些调查及搜索（注意，是搜索，不是窥探隐私）之后，在个人层面对客户展开第二阶段的调研（领英让这一步的工作变得比以前简单许多）：你是否认识曾经与潜在客户有过合作的人？不仅要研究他们的背景，而且要关注他们的关系网和兴趣点。

确保你有两三个打算与他们讨论的话题。不是问题，是"话题"。要避免挑选那些已经被滥用或过时的话题。关于竞争对手的消息或观点几乎永远是最受欢迎的话题。

能够提出自己的观点对客户来讲是非常有价值的，但你的观点需要达到以下两点要求。第一点，你的观点本身要足够新颖，并且必须适用于客户的情况。这一点显而易见。不那么明显的第二点是，你的观点要稍微带点冒险性。所以，你要说的应该类似："我们在这方面做了一些研究，虽然我们对贵公司不是了如指掌，有些理解可能存在偏差，但看上去 ××× 事可能给你们带来很大的麻烦。"

这样说的话，如果你的观点是正确的，那么在客户眼里你就是一个聪明人。但更重要的是，就算你错了，你仍然能够因为冒险踏出舒适区而得到客户的赞赏。这展现了一种天赋，让你看上去更值得信赖，因为你愿意主动冒险去开启一段基于信任的交流。

你可以提及或暗示他们可能感兴趣的经历或合作过的客户，只要你不是表现得像在努力自抬身价。你妹夫的胞弟给勒布朗·詹姆斯画过肖像并不意味着你就能因此让人产生兴趣，除非你在跟体育运动艺术家交谈。要确保你所说的话足够引起别人的兴趣。

不要在一开始就把互动的目的放在达成一笔一笔的交易上。如果你只把精力放在专业内容上，你会被贴上技术人员的标签，而不是专业顾问。像刚刚认识的新朋友（而非老友）那样跟他们交谈。这两者有所不同。没有什么比佯装跟人过分相识更糟糕的了。保持轻松的谈话气氛，让他们愿意与你一起分享更多的时间，而非对你避之不及。

仅仅见客户一面是不够的。如果你不能在会面时为客户带来价值，那么推迟会议，直到你能带来价值为止。这样的等待是值得的。

| 第 11 章 |

倾听的艺术

卓有成效的专业顾问通常是优秀的倾听者，这一点在我们的经验中无一例外。倾听本身不足以保证成功，但是是必不可少的技能。它正对应信任建立过程的第二阶段。

倾听对于赢得参与客户事务并发表看法的权利至关重要。在进行任何其他的顾问活动之前，我们必须有效倾听，并让客户意识到我们在有意识地倾听他们。不先赢得这样的权利就直奔主题，通常会被解读为顾问的傲慢自大。

倾听：赢得权利

吉姆·科普兰（Jim Copeland）作为德勤会计师事务所的传奇首席执行官，非常懂得如何有效建立长久、深厚的客户关系。德勤会计师事务所是德勤哈赛会计师事务所（Deloitte，Haskins & Sells）与塔奇罗斯会计师事务所（Touche，Ross & Co.）合并的产物。后者一家重要客户的首席执行官有着一副火暴脾气，对于要"训练"一家新的事务所接手他的业务，他表示非常不满意。科普兰来自德勤哈赛，他这样形容与这位首席执行官长达 9 个小时的会议的最初 5 分钟。

> 他的话充满了权威、能量，以便压制你，让你知道是谁说了算。我并没有与他争这一点，而是不断说"请跟我讲讲你所说的问题。它们为什么会发生？它们是怎么发生的？问题出在什么地方？"。我想知道他为什么显得如此失望，有什么办法可以解决这些问题。基本上，我在那里完全是在为他考虑问题，并且让他知道这一点。你要有一个解决问题的态度，而要有这样的态度，你要把全部精力放在客户和他们的问题上。 ⊖

在这次会议中，科普兰的很多举动都可以解释为何双方在之后有着如此长久的成功合作关系。但是在第一次会面时，没有什么比他倾听的本领更加重要。倾听为科普兰赢得了权利去提供高质量的专业内容，去交叉销售，去展示解决问题的能力，去评价他们的员工。如果他没有靠倾听赢得这样的权利去发现问题所在，以上这些都无法成为可能。

为什么让客户感觉"他们的观点被顾问听进去了"如此重要？我们希望被别人听到不仅仅是为了要对问题进行合理的解释，实际上这是源自对尊重、理解和包容的需要。不带任何预设地倾听，是一种尊重的姿态——这样的姿态通常也会得到回馈。值得信赖的顾问能够认识到这一点，并且总会确保客户的自尊心受到保护。

值得信赖的顾问可以说，"我喜欢你的想法，因为 X，现在你能否帮我更好地理解我们应该如何用它来完成 Y"。通过这样的语言，顾问能让

⊖　Jim Copeland: Interview with Rob Galford and Charlie Green, 1999.

客户知道自己始终是被尊重的，而他们双方可以就问题的利弊，自由、坦率地发表意见。

在通过倾听赢得权利的过程中，我们发现顾问通常会犯两个错误：其一是只过分理性地倾听；其二是过分被动地倾听。

过分理性地倾听

"赢得权利"这个概念也许听起来是理性的。毕竟，我们递交简历是为了"赢得"面试的"权利"，我们提交公司的资质证明是为了在招标过程中"赢得"合作的"权利"。实际上，这些理性的程序只是在反映实际生活中发生的情形。而在实际生活中，通过倾听赢得权利是一个既理性也感性的过程。下面是科普兰故事的后续部分。

> 通过这次会议，他了解到我是在关心他，而且绝不会让他处于不利地位。几年后，我有机会向他推荐一个项目，价值500万美元，在当时来讲是相当大的项目。在项目介绍结束后，他只是看着我说："你觉得我应该做这个项目吗？"
>
> 他的意思是，如果我可以看着他的眼睛告诉他"当然可以"，那么他就认为我是替他做出了正确的选择，同时将自己的信誉压在上面。而他也知道，如果我对项目没有信心，是不会对他这样承诺的，因为他知道他可以信任我。而这一次我能够说"你绝对应该做这个项目，你需要它，我们将出色地完成这个项目"。

我们也遇到过这样的客户（你也许同样遇到过），他们坚持认为所谓的倾听技巧是"花拳绣腿"。"我要的是结果，是实打实的解决方案，"他们说，"不要跟我提'倾听'这套没用的花架子。"

但是归根结底，这样的客户（甚至几乎所有客户）想要的是能够看着某人的眼睛，知道对方对待他的事情像对待自己的事情一样，不会让他吃亏。这是"花拳绣腿"吗？我们不这样觉得。

过分被动地倾听

通过倾听赢得权利的过程中，顾问常犯的另一个相关的错误是倾听时过分被动。仔细想想，"倾听"其实是一种天赋，关乎我们集中注意力的能力。因此，有效倾听不仅仅是一种天赋，更是对我们必不可少的要求。好的倾听是主动地回应对方讲话的内容，而非一味地被动倾听。

沟通的一个关键因素就是你来我往不停地相互示意对方自己在听，并且明白对方说了些什么。我们都知道，来自刚刚认识的人敷衍了事的"嗯，啊哈"，或者空洞的眼神，表示对方根本没有在听我们讲什么。

在较为正式的对话中，我们不时地需要来自对方某种形式的示意、回应。如果没有这些，我们不得不停下来，要么征询对方的回应，要么停止交流。

但什么是回应？是肢体语言吗？还是话语？答案是，回应的形式取决于所传递的信息内容，以及双方所使用的"语言"。

如果信息是纯粹理性的（比如，一位高级律师向一位助理传授分析要点），那得体的认可几乎可以全部来自口头。助理的"嗯，嗯哼"，辅以轻微的点头，足以让律师知道他在听并且已经理解，因此应该继续。

但是，如果信息夹带着任何感性因素（大多数信息都如此），那么不在回应中也包含情绪上或语气上的变化，则会传递出我们没有在听的信号。

一位说"我们每天要进行 30 万次交易"的客户，对这个数字是有感情的。仅仅知道 30 万次高于或低于竞争对手，超过或未及上个月的成绩是不够的。客户也许为这个数字自豪，或也许仅仅为知道这个数字本身而洋洋得意。他也许觉得这个数字很枯燥，或为此（或其他事情）而感到难堪。

被动倾听的顾问（那些使用"嗯，嗯哼"的人）发出的信号是他只在乎理性的内容，对说出这些内容的人的情感是不关心的。而高效的顾问明白，客户的话语蕴含的感性信息与理性信息同样重要。如果客户对某件事有强烈的情绪，那么在回应客户时承认这种情绪对我们来说是义不容辞的责任。就像我们需要通过复述的方式确认来自客户的理性信息一样，我们需要通过共情确认来自客户的感性信息。在为客户带来价值或改变客户的组织方式方面，感性信息和理性信息都有自己的作用。

甚至在某些情形下，顾问的回应不是锦上添花，而是至关重要的。比如，当一位首席执行官抱怨一名前员工在向竞争对手出卖公司的商业机密时，他得到的不应仅仅是一个"嗯哼"。顾问这样的回应更为得体：

> 这一定让你很气愤。我真希望我有一个按钮，一键就能帮你马上解决这个问题，可惜我没有。我想没有任何人有这样的本事。

听出对方话里隐藏的故事

我们曾经用临时测试来观察人们是多么频繁地走神。我们这种不甚科学的研究显示，商业沟通中人们集中注意力的平均时间不超过 60 秒，在这段时间后，他们就会因无关的想法而分心。由此可见，倾听是需要技巧和自律的过程。

沟通多数时候遵循讲故事的模式，有开头，有经过，有结束。有事情的起因，有紧张曲折的情节，然后事情最终得到解决。其中，有背景，有发展，有出人意料的结局。当我们跟人交谈（几乎是任何事情）时，我们需要精心措辞以达到某种讲故事的效果。

但是，如果一个倾听者打断我们的故事（坚持要打断我们所说的话，重新组织语言，把他们的想法强加到我们的故事里），那我们想要传递的意思便遭到了破坏。急于做出结论，错过事情的前因后果，把事情的先后顺序搞混，都是不合时宜的。所有这些都是不同形式的"没听明白"。优秀的倾听者通过尊重发言者所选择的讲故事的方式来表示对人的尊重。

Ariel 是一家位于马萨诸塞州剑桥市的公司，基于剧场体验进行沟通培训。我们在那儿的朋友传授有关"反馈式倾听""支持式倾听"以及"寻找可能性的倾听"的课程。

1. 反馈式倾听。向发言者明确地表示他的话已经被听到了，他的话中与话题相关的作用、影响以及情绪都被很好地理解了。（"我听到你说的意思是……"）

2. 支持式倾听。展现出感同身受的反应，不仅表现出我们明白他对相关问题的感受，而且表现出愿意为他排忧解难的明确意愿。（"天哪，那一定很难熬！"）

3. 寻找可能性的倾听。向对方展示洞见，并且为他提供解决问题的路径或办法去帮助他面对困境。（"你都想过哪些方法来应对这个局面？"）

如果我们耐心地听对方娓娓道来，我们将听出对方的意图。如果我们把自己的结构强加于对话，我们将无法听到话语的真正含义。我们将凌驾于发言者之上，听到的是自己声音的另一个版本。

顾问应该避免提出类似这样的问题："面对 XYZ 公司时的三个最重要的问题是什么？"如果你这样问问题，得到的将是包含三个问题的清单。

但是，你也许会因此忽略第三个问题实际上比前两个问题次要得多的事实。开放式的提问则可以恰好把最为重要的前两个问题突显出来。

试想，当你为公司进行招聘面试时，如果你只是让应聘者讲述那些你所关心的能力，等于剥夺了他们讲述自己故事的机会。如果你愿意听他们的故事，你将听到他们在生活和工作中所追求的价值，而非你所赋予他们的意义。当然，聘任与否的决定权仍然在你，但是在做出决定之前，听听别人对于自己为何适合这一职位的全面看法没什么不好。

这对客户同样适用。如果我们带着对问题刻板的预判与客户会面来做实情调查，我们将不会注意到客户原本希望告诉我们的故事和故事背后的含义。我们会因此错失真相。

最后，耐心倾听。避免过早地将自己的结构强加于对话，比起交付环节，这一点在销售环节更加重要。如果我们事先设定议程而且从不偏离它（如果我们坚持按顺序做陈述，如果我们坚持事无巨细地回答问题从而把没有被问到的问题也一并回答），那么我们仅仅是把自己的观点强加于对方，而非倾听。

关于在提问时将我们自己的结构强加于对话的情形，有一个古老而讽刺的笑话是这样的。

在一场谋杀案件的法庭指控中，控方律师正在盘问法医。

律师：在你签署死亡证明前，有没有查验死者的脉搏？

法医：没有。

律师：有没有检查心跳？

法医：没有。

律师：有没有检查呼吸？

法医：没有。

　　律师：所以说，当你在签署死亡证明时，你不能确定此人已经死亡，是吗？

　　法医：这么说吧，此人的大脑正泡在我桌上的瓶子里。但是，我猜有可能这个人还活着，也许正在某个地方做控方律师呢。

　　倾听时，应该让发言者决定谈话的结构，然后根据这种结构去倾听，直到对方认为我们理解了他所要表达的意思为止。

设定议程

　　设定会议议程很简单，这样的做法被广泛接受，既无风险，又十分有效。议程是一份事先安排的声明，关乎会议应该如何进行和应该解决什么问题，是在会议前就分享给大家的观点。

　　专业顾问应该向客户询问"还有什么其他事项我们应该在今天讨论？"或者"我们今天的会议需要达成什么目的？"。要给客户机会告诉我们他们在想些什么，他们的首要目标是什么。因此，设定会议议程也是十分有效的倾听手段。

　　会议议程不应该未经讨论就设定。与此相反，相关讨论应该被当作与客户简短商讨会议应该如何进行的天赐良机。邀请客户讨论会议议程的举动，即使只是 60 秒的讨论，也是在发出一个强有力的信号，即会议是基于与会者的共同利益举行的，而非只属于其中任何一方。

　　任何会议在一开始都有通过设定议程来加强倾听效果的机会，无论是 2 个人还是 200 个人参加的会议，无论是在陌生人还是熟识的人之间的会议，无论是只有 1 个议题还是有 30 个议题的会议。我们在一开始接触对方时就应该将会议议程本身当作讨论的对象。"我觉得我们主要讨论 X 和

Y 将会比较好，然后我们可以稍作讨论。你觉得这样安排怎么样？"

这些方法同时适用于正式的、书面的会议议程讨论和口头的、简短的甚至是 2 个人之间的会议议程讨论。如果我们表现得好像双方中的一方掌管着会议议程，提前决定了它，并拘泥于它，那么我们实际上是制造了一种"甲方"与"乙方"之间的对立局面。将顾问与客户分开的力量由此会占上风。

与此不同的是，通过简单的行为和语言，在双方之间分享会议议程，我们则可以创造一个可以共同合作的有力象征。客户会因此感觉参与到了解决问题的过程中。

优秀的倾听者都会怎么做

是什么使优秀的倾听者如此优秀？他们：

1. 持续询问以澄清理解。
2. 留心话语中的情绪表达。
3. 倾听对方的故事。
4. 很好地进行总结。
5. 感同身受。
6. 留意那些不同的地方，而非熟悉的观点。
7. 认真对待对方（他们不会说"不必为此担心啦"）。
8. 发现隐藏的前提假设。
9. 允许客户在自己面前"发泄情绪"。
10. 会问客户"你对此有何看法？"。
11. 让客户倾诉（"你还考虑过其他哪些方面？"）。
12. 不断地询问细节以帮助自己理解。

13. 倾听时排除一切干扰。

14. 将注意力首先集中在客户的讲述上。

15. 允许客户按照自己的方式叙述故事。

16. 从客户的角度出发考虑问题，至少在他们倾听时如此。

17. 向客户询问怎样可以帮上忙。

18. 在告诉客户自己的想法前，先征求客户的想法。

19. 在客户讲话时看着（不是盯着）对方。

20. 留意客户的语言与动作、姿势之间是否一致（或不一致）。

21. 让客户感觉他们是唯一重要的人，为他们花多少时间都没有关系。

22. 用点头或微笑鼓励对方。

23. 注意并且控制自己的肢体动作（不乱动，不抖腿，不把玩回形针）。

下面是优秀的倾听者不会做的事情。他们不会：

1. 打断别人。

2. 过快地回应。

3. 把自己的故事与客户的故事相比（"噢，对了，我也遇到过这种情况。想当年……"）。

4. 不半路发表意见（"照我看，那个选择根本没有机会成功"）。

5. 过早下结论（而未经深思）。

6. 用封闭式问题询问事情的原因。

7. 在听取客户的想法前发表自己的看法。

8. 对客户评头论足。

9. 过快地试图解决问题。

10. 在与客户开会时接听电话或打断会议（这一条如此显而易见，但是看看这种情况是多么普遍！）。

| 第 12 章 |

界定问题

界定问题是建立信任关系的第三个阶段。在这一阶段，专业顾问将客户的复杂问题（和情绪）具体化、概念化，形成对问题客观的定义，提出观察和思考问题的崭新方式。在很多顾问咨询事务中，对问题准确描述相当于解决了问题的一半还要多。

在五个阶段中，界定问题通常是最具挑战性、最困难的，无疑也是回报最丰厚的。这是因为对问题的界定要基于理性与感性不可分割的结合体，有些时候必须在对话当中摸索和表述出来。

界定问题涉及对问题的本质的识别和阐述。问题的本质常常是隐晦的、关键的、根本的，或三者皆然。识别和挖掘客户所面临问题的核心本质，在纯粹理性的成分之外常常涉及感性因素。

理性界定

让我们来看看两种对问题的界定模式：理性界定和感性界定。通常来讲，理性界定对顾问来说要容易得多，因为它在顾问的舒适区里。长久以来，我们作为专业顾问接受的训练皆是以理性为基础的。

战略咨询师尤其倾向于相信客户看中的是他们的才智和洞察力。大多数咨询公司强调它们咨询师可以凭借对思维能力的敏锐应用来创造看待事物的崭新视角，从而为股东价值的提升开辟新途径。

律师同样是理性界定的好手：这个案件涉及民法典还是宪法，那个案件归属于这个还是那个司法管辖区域。"问题在于，总统知道些什么，他是何时知道的？"便是最典型的司法理性界定。

传统上，理性界定是专业顾问综合能力中的重要能力。罗列注意事项，画出图表，草拟流程或方法——理性界定以看上去十分简单的形式得以完成。本质上，所有的理性界定过程都是把问题剖解到少数关键变量的过程。

使用形式严谨的模型（比如我们的信任关系建立五阶段模型）是管理咨询师偏爱（且可能被滥用）的方式。这种方式流行的原因在于人类大脑可以处理的信息量是很有限的。

尽管人类十分伟大，但是我们能够同时考虑的角度极其有限。当我们面对复杂局面时，常常会陷入无休止的挫败感中，直到我们自己或其他人将问题表述简化。然后，我们才能开始寻求解决方案。这就是形式严谨的模型的作用。

理性界定看上去对于很多顾问来说是如此重要，以至于常常使人忽略它仅仅是建立信任过程中的中间步骤。如果顾问没有提前通过必要的客户委托和倾听赢得界定问题的权利，再深刻、睿智的观察和见解都会被客户置若罔闻。

顾问有时过于强调使用独特的界定方法或模型的必要性。我们认为这种做法放错了重点。生活中的伟大真理屈指可数。顾问的价值与其说在于创造全新的独特范式，倒不如说在于引导客户就特定的问题找到与其相关的业已存在的范式。

感性界定

感性界定是开展高效顾问咨询活动非常关键甚至是十分必要的组成部分，但很少有人充分认识到这一点。我们经常看到的是，顾问－客户关系陷入情感上的一潭死水。顾问与客户之间的想法、对话和关系无法畅通无阻地行进下去，它们停滞不前，最终影响顾问工作的效果。必须做些什么来打破阻止沟通进行下去的僵局。

在这种情况下，问题不是由理性因素引起的，因此也不能通过理性方式来解决。带来麻烦的主要是感性因素或公司政治因素。

大卫有一次与一家专业服务机构的管理委员会合作，为该机构的所有合伙人引入新的绩效及问责标准。在一次会议上，他们讨论到了一个十分明显的管理问题，即如果新的标准不被严格执行，或该机构对违规行为一味姑息，那么所谓的"标准"根本无从谈起。

表面上，讨论进行得很顺利，在座的人似乎达成了一致意见。但是，大卫注意到有些人在他们的位置上坐立不安，会场中有些人在交头接耳、小声讨论。"这感觉有些不对。"他想。但是他并不能完全确定问题出在哪里。

他决定试着解决这个困扰，于是他询问一位正在交头接耳的管理委员会成员。下面是他们之间发生的对话。

> 大卫：弗雷德，我担心我们并没有把所有事情摆到桌面上来
> 讨论。对于在机构中实行这一计划，有没有什么复杂情况是我们

未曾考虑到的？

　　弗雷德：按照你的说法，如果我们当中最有权力的合伙人没有执行新的标准，那么就要有人站出来要求他改正，直到他符合标准。

　　大卫：我觉得这正是我们所有人的意思。如果这样的标准对"大老板"可以网开一面的话，它就不会让每个人都信服。有人有不同的看法吗？

房间变得一片寂静。终于，弗雷德继续下去。

　　弗雷德：但是谁要去跟"大老板"谈？我无法想象，我们要告诉为机构带来最多利润的合伙人，他必须做出改变！

　　大卫：我心目中有一个人选，但是在我说出来之前，你愿意说说你认为谁应该充当这个角色吗？

　　弗雷德：我猜这得要主管合伙人出面。

此时，汤姆，这家机构的主管合伙人接过话茬。

　　汤姆：噢，我可以出面。但是，我需要确认管理委员会的其他成员会坚定地站在我这一边。如果你们当中有谁认为不应该这样做，我是无法也不愿出面的。你们是否会全力支持我？如果我们按照这一方案执行，你们是否会站在我这一边？

　　弗雷德：我们会站在你这一边的，汤姆。但是坦白说，你之前从没做过这样的事。

　　大卫：我可以插一嘴吗？你们当中谁都没有做过这样的事，这也是我们在这里的原因。我们在这里讨论是否想要改变目前的做法。如果不想，我们不必非要做出改变。但是，正如弗雷德提

醒我们的，同这个方案是否合适同样重要的是，我们是否有勇气
和决心执行它。我们是不是该讨论一下我们每一个人都需要做些
什么？

从上面的对话不难看出，一系列感性的和公司政治方面的担心被提出
来了。如果这些担心没被及时提出来，这家机构又将会在这个方案上取得
何种进展？

在职业生涯早期，大卫不会有这样的勇气如此坦诚地提出这个话题。
这样的话题会被压制下来，只有在茶水间里的闲谈中才会被吐露出来。

我们都认识到，无论在何种职业中，解决客户的问题不仅意味着帮助
客户（或者客户所在的组织）解决技术方面的难题，还意味着帮助客户解
决做出重要决策时所面对的真实存在的感性难题。

感性界定首要的是承担个人风险、坦白隐藏情感的勇气。这自然不是
件容易事，但是如果你认识到，感性界定是关于如何界定客户的（而非我
们自己的）情感的，那它将会比你想象中简单。客户考虑的是他们的处境
以及他们的应对方式，所以把时间和精力花在思考客户的处境给我们自己
带来的感受上其实是南辕北辙。如果只需要处理客户的情感问题而不需要
同时顾及自己的感受，那事情将会容易许多。

我们的朋友乔跟我们讲了他许多年前如何丢掉一桩生意的故事。他的
客户（一位首席执行官）需要对自己的组织进行一次重大重组。该次重组
将涉及出售资产、重新部署，以及对三五千人进行裁员。乔不仅是负责此
次重组的热门人选，而且至少在当时，甚至都没有竞争对手能与之抗衡。

有关重组的讨论进行得很顺利。第二次与客户的会议行将结束时，一
切似乎都按计划有条不紊地进行着，会议眼看就要以双方达成合作意向而
告终，但是会议的气氛突变，那位首席执行官向后靠到他的椅背上，摇着

头沮丧地说："乔，我们要怎样安排这些人啊?"乔吃了一惊，随后做出了一个错误的决定。他回到刚刚充满乐观的情绪中，拍一拍首席执行官的手臂，说道："嗨，放心吧，比尔。我们会给他们安排再就业辅导，把他们集中到另外一栋楼里。用不了多久他们就会从这里消失。没问题的!"

但是他在心里知道，拿客户的情绪开玩笑（借此掩盖客户的这种情绪）是不明智的。那次会议没有得出任何结论。原定的下一次会议也被推迟，最终不了了之。实际上，整个重组在会后多年都没有实际发生。而当它真的发生时，据乔说，裁员的人数是原计划的两到三倍。

在乔心里，且不管对错，他觉得自己应该为多出的这些失业人数至少负一部分责任。这是因为在那时他本应该有能力去应对那位首席执行官所感受到的深深的沮丧。乔相信，如果他当时有勇气和技巧从一开始就帮助那位首席执行官直面裁员的决定所带来的复杂情绪，很多人（包括这位首席执行官）所经历的痛苦和折磨是可以避免的。

直言不讳

感性界定的一个得力工具是我们称之为"直言不讳"的技巧。这个技巧是指通过对那些原本可能无法言说的事物进行描述来获得突破，从而将那些难以启齿的事物通过明确的语言表达出来。

"直言不讳"有三个显著特征。

1. 承认提出问题的困难性。

2. 接受提出问题的责任。

3. 对问题本身直接进行陈述。

时间越久，尴尬越多，多到超过了问题本身带来的尴尬。这种情况在很多文化中都有特定的说法。在英语中，我们管这种情况叫"房间里的大象"。这个说法指向那些其实每个人都心知肚明但是难以启齿的问题。这种情况只能用感性界定来应对。

运用感性界定就好像对已经因淤堵而无法正常流动的溪流进行爆破疏通。在精神疗法和宗教中都有与感性界定相对应的做法，比如心理疏导、忏悔，能将原本无法说出口的话引导出来。

埃伦的故事

埃伦是前来参加我们培训课程的一位会计师事务所合伙人。有天埃伦需要告诉她的客户，一位财务主任，一个坏消息。

当她开始告诉客户这个坏消息的时候，她注意到"客户的脸渐渐变红，指节变得苍白"。我们可以想象埃伦坐在那里时，活跃的大脑中闪现的思绪万千："我要怎么从这里脱身？这位客户怕是保不住了。"

但是，埃伦采取了不同的方式。她停顿了一下，深吸一口气，然后说："你看起来有些生气。"接着她一言不发，静静地等着，等待对方回应。

过了一会儿，这位客户叫嚷道："不，我不生气！一点也不！"他接着补充道："我的意思是，我没有生你的气。我在生我们的人的气。我的意思是，这件事本来不应该由你第一个向我提起，这太难为情了。我是想说，我很高兴你能够把它指出来。是的，我很生气，但不是针对你。"

埃伦向客户提出这个问题所得到的回报是立竿见影的。她知道了客户对她所带来的坏消息的真实反应，从而把自己从自己内心制造的恐惧中解放了出来。她允许客户发脾气，给了客户抒发自己真实想法的机会。她让客户可以用自己的话把问题清晰地表述出来，从而能将对话引向合作解决问题的有效方向。通过克服自己的恐惧，把焦点集中在及时地为对方（她的客户）提供充满人性的服务上，她在自己和客户之间建立起了更强的纽带。

这个故事的要点不是埃伦站在了正确的一边，而是她有意识地选择不过分关注自己的感受（当时的埃伦思绪万千，每一种思绪都可能让埃伦加快语速甚至胡言乱语），把精力集中在客户身上。她提了个简单的问题，这个问题明显是在顾及客户的感受，而非她自己的感受。

倘若埃伦屈服于自己的恐惧，她十有八九会将坏消息以最快的速度传递完毕，然后迅速退缩。如果她没有问客户那个问题，她会一直（错误地）相信客户是在生她的气。就算确实如此，如果不问个究竟（或做出观察）的话，她也永远无法知道问题的真正答案。

感性界定的难点在于承担风险。它需要有勇气去说一些人们通常害怕去说的话。埃伦有足够的勇气将客户所释放的情感信号（涨红的脸、握紧的拳头）当作客观事实来看待，而非仅关注客户对埃伦的态度。

界定与责备

很多人，尤其是客户，在初次尝试对问题进行界定时都倾向于将问题归咎于他人。"市场部的人听不进我的话""我们得有更好的培训""如果首席执行官不支持，这项工作没法展开"，在值得信赖的顾问眼里，所有这些说法都是典型的没有完全摆脱责备语气的问题陈述，不能构成有效的问题界定。

责备他人是阻碍对问题进行有效界定的元凶。实际上，它甚至会妨碍开展有效的咨询顾问工作。把精力放在责备客户（或其他任何人）上的顾问是在浪费原本可以用来关注客户的宝贵时间。即便在极少数的情况下，这种责备事出有因，但也是毫无作用的。责备是施责之人用来保护自尊心的自卫机制。因此，它不过是另一种形式的自我导向。

只讲真话、讲事实，有意识地将责备从自己的日常行为中剔除出去，值得信赖的顾问可以做到完全不带任何责备地陈述问题，从而达到对问题采取行动，进行评价并形成解决方案的目的。

如何进行感性界定

当讨论前面提到的例子时，我们发现人们可以理解每一个例子和这些例子的意义，但是当问题涉及描述他们自己"房间里的大象"时，他们会感觉到"我的情况特殊，事关重大，并非儿戏"。

没错，你的事情当然并非儿戏。这正是界定问题是咨询顾问工作中心的原因。界定问题的核心是把心存戒备或习惯责备他人的心态转变成主动担负责任的心态。

愿意变责备为负责，感觉上有点冒险。为什么你要放弃可以责备别人带来的安全感去换取更困难的境地？具有讽刺意味的是，"直言不讳"正是能够通过承担责任降低个人风险的技巧。

它是巧妙利用"提前警示"的一种技巧。这里所讲的"提前警示"强调事先提出问题的艰巨性以及愿意为所提出的问题带来的后果负责的态度。越是感到有风险，越是要善用"提前警示"。使用"提前警示"多多益善，直到你所要界定的问题和所涉及的风险让你感到对"提前警示"的使用有些矫枉过正为止。可以考虑使用下列表示愿意主动承担责任的"提前警示"的话语。

1. 也许只有我这样觉得，但是……

2. 我刚才一定是走神了，对不起，你刚才说到……

3. 我很确定你之前提到过这一点，但是……

4. 很抱歉打断你，不过这件事在我脑子里实在挥之不去……

5. 你也许早就考虑到这一点了，但是……

6. 我希望有办法，但我实在不知道如何处理这个困扰……

7. 我意识到你非常倾向于 XYZ，但是……

8. 我很可能完全想错了，但是……

9. 我不敢肯定我是否说得有道理，但是我觉得……

10. 我也许没有正确理解此事，恕我冒昧说一句……

11. 我不知道具体应该怎么表达，希望你能不吝赐教……

12. 这件事不知当讲不当讲，但是……

13. 希望你能原谅我笨嘴拙舌，但是……

在使用愿意主动承担责任的"提前警示"的话语之后，一五一十地把必须说的说出来。虽然感性界定看上去非常冒险，但是回报丰厚。这种回报是通过将隐藏的问题暴露出来从而控制与其相关的风险来获得的。对于这一点，我们无论怎样强调都不为过。

第 13 章

构想另外一种情景

在信任建立的过程中，构想是排在客户委托、倾听和界定问题之后的第四阶段。

正如第 10 章所言，构想在信任建立的过程中的作用是使对未来的设想（或选择）具体化，从而使客户愿意为之付诸行动。在进行构想时，顾问与客户一起想象最终的结果将会是什么模样，并回答这些问题：

1. 我们的真正目标是什么？

2. 达成目标意味着什么？

3. 我们怎么判断已经达成目标？

在建立信任的五个阶段中，构想是最容易被忽视的。举例来说，销售模型就极有可能让我们跳过构想，从界定问题直接进入承诺阶段。在某种程度上，对回报的关注与我们所说的构想相仿，但两者并不完全一样。

政治话语体系为我们提供了一些口号式的构想实例和它们所能带来的价值，比如罗斯福的"新政"、肯尼迪的"新边疆纲领"、约翰逊的"伟大社会计划"，以及马丁·路德·金的"我有一个梦想"演讲。

这些口号都在尝试将某一目标、某个可以通过卓绝努力达成的事业通过清晰有力的语言描述出来。通过对目标（和思考目标的方式）明确表述，它们对凝聚力量、汇集共识起到了非凡的作用。

构想正是我们在本书的第 1 章中试图与你一起做到的。在那一章中，我们请你想象被客户信任是怎样的体验，告诉你这能给你带来什么回报。我们还请你思考如果成为值得信赖的顾问，你所扮演的角色将会如何不同。

在商业社会中，成功的构想可以把你解放出来。它能将人从在面对问题时仅关注技术、解决问题及具有高风险的眼光中解放出来，赋予其新的视角。这个新的视角鼓励自由和创新。在建立信任的所有阶段中，构想并非绝对必需的，但是往往能够带来最大的价值。

优斯咨询（United Research）是一家咨询公司，它后来成为捷米尼咨询的一部分。优斯曾经成功地对构想这一阶段进行应用。他们采用多步骤的销售流程，包括倾听和诊断分析，但是其中的关键步骤是大规模地应用构想这一阶段。

他们会与客户组织内部众多的对象互动，向他们提出一系列诱导性的问题。他们会问：

> 有没有别的方式完成工作？如果有，这些方式有没有改进空间？如何改进？在哪些具体方面需要改进？改进后的方式将会在未来有怎样不同的效果？需要在行为方式上做出哪些改变才能使改进实现？回报会从哪些地方出现？

当人们花时间在构想阶段时，他们可以用准确的语言细致地描述，他们面临的主要问题得到解决后，或者最终把握住眼前的机会后，他们所处的环境将会发生怎样的变化。很快，"改变真的有可能发生"或"至少值得一试"这样的想法开始生根发芽。突然间，未来不再抽象，而是变得真实、可及。未来不再令人心惊胆战，而是让人充满活力（"我们加油干！"）、斗志昂扬（"我们能做到！"）。

同样的效果在基于信任关系建立的对话中也能够实现。通过共同聚焦对彼此都有利的未来愿景，不被眼前的问题羁绊，双方之间的隔阂可以被打破，桥梁可以被建立。

在成功地倾听和界定问题之后，省略构想阶段而直接进入承诺阶段的诱惑是巨大的，但是这样的诱惑需要抗拒。

措辞在这里也起作用。在构想这一阶段，与其说"我们为什么不……"，不如试着说"如果我们……将会……"。注意使用描述性的句式，把重点放在回报、最终的状态和结果上。

一个实际案例

查理的一位客户，马克，在工作中面临一个极其让人沮丧的局面。马克是一名咨询师，在工作已经十分繁重的情况下，接下了来自现有客户（一位首席执行官）的项目。尽管这个项目本身有着失败的风险，这位首席执行官却向马克保证，他的个人利益跟这个项目联系在一起，他会在必要时全力配合马克的工作。马克打交道的主要对象将是公司的首席运营官。

过了不久，首席运营官要去处理一些棘手的私事，于是要求马克与另一位高管联系。这位高管很好相处，但是对很多问题不太知情，工作效果不尽如人意。这样持续了一段时间后，马克向首席执行官提出他对项目的担忧，但是情况并没有因此改观。

情况随着时间的推移变得越发不可收拾，首席执行官对于项目的投入越来越少，首席运营官亦是如此。但是，提交项目成果的压力却一点没有减轻。可想而知，马克既焦虑又沮丧。

当查理第一次与马克交谈时，马克是这样对问题进行界定的：

> 客户待我实在不公。我为了这个项目承担了巨大风险，这完全是基于他当初所做的承诺，承诺他会花时间配合我。但是，后来才发现他根本没有兑现这个承诺。

尽管马克对于问题这种出于本能的反应完全可以让人理解，但无论如何是不合适的。首先，这种想法以马克为中心，一点也没有考虑到客户。其次，它满是对客户动机的揣测。最后，它完全基于马克的主观偏见。

查理和马克一起对问题进行了重新界定。这一次他们把重点放在客户身上，没有采取责备的语气，力求做到客观而非主观臆测。在这些努力下得到的改进版本如下：

> 客户没有按照我的期望腾出时间给我，这让我很不安，同时危及工作质量。

但是，这样的说法仍然有些以自我为中心，带着些许责备和评判的意味。他们进一步改进，并且同意对问题的界定应该将客户的观点考虑在内。在不知道客户所处境地的情况下，他们只得做出一些假设。修改后的版本是这样的：

> 公司的事务变得繁忙，因此他没能抽出本来以为可以抽出的时间在项目上。这与他的初衷不相符，也使得我面临可能要交付质量低于承诺标准的工作成果。我们两个人对这样的局面都不满意。

根据这一修改后的版本，马克决定试着与首席执行官一起构想可能出现的结局。他这样开始他们的对话：

> 瞧，阿尔伯特，我们与其草率地做出加大投入这个我们两个人都可能后悔的决定，不如提前花几分钟时间确保我们对问题有一致的认识？比如，我们希望达成的目标是什么？我们怎样才能知道我们的方向正确？

最终，他们构想出一个做出改变后不同的结局，大致是这样的：

> 如果我们有着明确的共同目标，那我们就应该详细讨论面对的问题，而不是总担心事情一拖再拖。我们知道项目交付的延迟并非有人刻意为之，工作质量永远取决于诸多因素，且每一个决定都有其相应的影响。我们将更快地把问题摆到台面上来，而不是坐等危机降临。我们不会以个人荣辱看待每件事情，而会就事论事。我们会以双方都能理解和信任的模式或议程开展合作。我们不会因为担心工作而睡不好觉。我们会对彼此充满信心。

马克通过帮助客户构想不同的未来情景所带来的好处而得到了来自客户的配合，从而让他能够更好地服务客户。

总结

人们很容易省略构想阶段，直接从界定问题阶段进入承诺阶段。客户在界定了问题后，事实上就准备好了说"那么，我们该从何下手？"，而"从何下手"这几个字对顾问来说就好像巴甫洛夫的铃铛一样，感到必须予以回应，因为它刺激了顾问作为技术能手的骄傲心理。

但是，顾问如果能够说"等等，我们会着手工作，但是在那之前，让我们花些时间讨论一下我们的最终目标、我们真正想要达到的目的"，效果将会更好。

当对目标有了明晰的理解后，双方便能够对事情的轻重缓急做出清晰的描述，对所能收获的回报心知肚明，并且能够开始对最终的解决方案进行勾勒、细化。经过这样一番沟通，双方将处在更有利的位置来讨论"从何下手"的问题。

| 第 14 章 |

履行承诺

我们在这里使用"承诺"一词，并不是指"锁定交易"，或为项目签订约定书，而是指建立信任（而非销售）关系的最后一个阶段。在这一阶段，专业顾问要确保客户理解解决问题需要哪些必要手段，并且愿意为达到目标而付诸行动。

词典对"承诺"一词的定义有两种：①对未来将做某事的约定或保证，②感到有义务或心理上被感召的状态。

第一种定义侧重于行动，第二种定义侧重于情感。后者反映了在做出承诺时我们也在投入个人情感，我们认为这是承诺在信任建立的范畴里的真正内涵。

没有承诺的话，提出建议仅仅是一种对看法的表达。

> 顾问：你应该这样做！
>
> 客户：是的，没错！谢谢，再见！

如果我们按照信任建立的过程行事，那么到承诺这一阶段时，问题已经按照大家满意的方式被界定好，我们希望达到的目标也已经明确。接下来要做的是就下面的一系列话题展开对话。

1. 达成目标的过程中障碍会有哪些？

2. 我们打算如何解决问题？

3. 哪些人需要知情？

4. 谁负责做什么？

5. 我们需要哪些信息？

6. 什么时候我们应该碰头核实情况？

7. 哪些时间点是关键的截止日？

以上话题不仅可以确保顾问完善工作计划，更可以确保客户了解实施方案的具体细节，探索新路径时他们可能面对的所有困难，以及他们在行为上需要做出的改变。

只有全面了解上述信息后，顾问和客户才能知道承诺是否真的存在。其中，也有自我保护的成分：如果客户不愿意承诺为解决问题做出必要的行动，他们不会从顾问的建议中获得回报，顾问也会因此以失败告终！（即使顾问已经把自己分内的事情做好！）

如果我们不在一开始就把风险、障碍以及达到成功的前提条件明确下来，那么当那些可以而且应该被事先预见的隐患发生时，客户也许会感到我们并不像一开始时那么专业和坦诚。

因此，在承诺阶段，顾问要这样去同客户沟通：

> 让我测试一下你要采取行动的决心。让我们确保我们知道自己都需要做些什么，不确定因素可能会从何而来。让我扮个白脸试着劝说你放弃我们刚刚约定好的行动的念头。

这样去看，承诺就是为了迎接一路的颠簸而提前系紧的安全带。在这个过程中，信任经由顾问的坦诚和直率得到加强。顾问根据自己的经验为客户提供指导，教会他们去面对那些他们也许从来没有经历过的考验。

能够产生承诺的话语，是那些探讨顾问提议的行动将为客户带来什么影响的涉及方方面面的话语。举例来说，这样的话语也许是"这可能让你感觉有些风险，但是会带来回报"，或者"这意味着你将不得不进入一个你不熟悉的营销领域"，抑或"辛迪很可能不会喜欢这个方案，你要面对这个难题"，等等。

在开始合作时，人们通常不愿意去谈论风险、隐患和不确定性。更糟的是，当我们试图赢得合作机会的时候，我们甚至会刻意避免触碰这些话题。天性使然，我们会释放这样的信号："这个任务可以完成，交给我们吧，我们会把一切都处理好！"人们往往会有这样一种错觉，以为展现充满自信的姿态和言语就可以赢得对方的信任。但这样的做法实际上却会被客户解读为傲慢自大或者遮遮掩掩（"他是否还有什么瞒着我？"）。

客户通常因为两种原因做出承诺：要么是某个问题给他们造成麻烦或让他们充满干劲儿而做出承诺，要么是被某个新鲜迥异、动人心弦的事物完全吸引而做出承诺。

在这两种原因中，你觉得哪一种发生的概率高一些呢？我们基于观察得到的结论是第一种，即感到麻烦或充满干劲儿带来的客户承诺要占到80%。新鲜迥异、动人心弦的事物固然会吸引我们的客户，但是解决麻烦却是带来承诺的主要动因。它是其他一切事情的先决条件。这个事实至少可以促使我们思考是要为客户带来新的灵感，还是要为客户解决现有的问题，以及我们应该如何去做。

那么，客户真正承诺的是什么？对于许多顾问来说，最常见的问题是"客户的承诺还不够"。客户给我们的感觉经常是，在原则上他们同意了我们的主张，但是在实践上却很少愿意付诸行动。"你们说得对，"他们会说，"我们绝对应该这样做。但是眼下有太多事情等着要去处理，我们完全没有额外的人手现在就去处理这个问题。"我们都听过这句话的不同版本。没有足够的时间，没有足够的预算，没有足够的组织支持。

很多时候，客户肯做出的承诺总要比他们能够做出的承诺少那么一点点。他们这样做主要出于对自己的一种保护。他们需要一些空间迂回，以备不测，而不测总是会发生。

当客户没有全盘采纳我们运用全部聪明才智贡献的主张时，我们会怅然若失。尽管如此，作为值得信赖的顾问，能够看到客户意识到采取行动的必要性，并且愿意做出部分的承诺同我们一起前行，这已经是一件十分令人满足的事情了。当考虑到那些被我们忽略的广告，被我们回绝的邀约，被我们无视的各种各样的促销活动时，我们的客户愿意接受我们的建议，哪怕只是我们给出的建议的一部分，都应该让我们感到心满意足了。

期望管理[⊖]

承诺阶段的核心工作之一是花心思管理客户对于解决问题时会遇到的困难的期望。做得好的话，它可以使客户建立对顾问的巨大信任，因为这既展示了顾问拥有解决此类问题的渊博知识，又展示了顾问提前识别解决问题过程中可能存在的隐患和意外的能力。

我们必须确保客户清楚地认识到他们能从我们这里得到什么，不能从我们这里得到什么，以及双方为此必须付出的努力。双方的期望应该在一开始就得到澄清和理解。

我们需要让客户知晓我们为了达成他们的既定目标所建议采取的每一

⊖　期望管理的讨论部分基于：Peter Block, *Flawless Consulting*, Jossey-Bass, 2nd edition, 1999。

步行动。有些客户可能会开展过于庞大的项目，或同时进行过多的项目。我们需要去衡量他们对达成既定目标要做的必要工作愿意承诺多少付出，而实际又能兑现多少。

有些客户甚至可能决定他们不再投资时间、资源和精力来继续寻求咨询。他们可能决定把期望降低到更可行的水平上。客户需要知道我们的参与所能达到的具体效果或能交付给他们的成果，以及他们在时间和资源方面的限制会给结果带来的影响。

为了更好地管理期望，我们必须：

1. 清楚地说明我们会做什么，不会做什么。

2. 清楚地说明客户需要做什么，不需要做什么。

3. 为我们将要做的分析工作划清边界。

4. 与客户核实那些客户可能不希望我们介入的领域，或那些客户不希望我们接触的人员。

5. 确定精细的工作计划。

6. 商定沟通的方式和周期。

7. 决定汇报的内容和交付对象。

8. 决定多久提供一份书面报告。

9. 决定报告的使用方式。

10. 决定需要何种形式的阶段进程审核。

11. 决定项目中和结束后的工作成果评价标准。

这些也许看上去微不足道，属于细枝末节，但是实际并非如此。通过深入细节的对话，客户将形成我们正在试图按照他们希望的方式服务他们这样的明确印象。并且，通过这种对话，我们可以把客户（以及他们的团队）需要采取的行动放到明处，避免产生误会。同时，我们还可以确保他们真正理解他们所同意的做法。这正是承诺的含义！

对于通过期望管理建立信任，我们还有一些额外的建议。

1. 对于你能做和不能做的事情，以及交付工作成果的时间表，永远要实话实说。有时为了赢取项目，我们会对那些需要经受巨大折磨才能完成的工作（如果有朝一日真的能够完成的话）满口答应。这不值得。重复一遍：这不值得。重要的事情说三遍：这不值得。

2. 在接受客户委托之前就开始工作。

3. 表现出你的热情：客户棒极了；你太喜欢这次的机会了；这正是你想要的工作经历；他们点名希望你完成这次项目。还有什么可以比这更好？

4. 尽早提出那些让你感到棘手的问题。不要害怕过早地说出你的想法。这样做只会帮助客户看到你从一开始就把精力投入到最难解决的问题中。

我们还应该尽可能地多做一些调研工作，了解我们的客户，这会表明至少我们在尝试着进入他们的世界。

对老客户，我们可以给他们看看我们的详细工作计划，并且向他们征求建议。这样做能够清楚地表现出我们在试图创造一种"我们一起"而非"我们自己"的工作氛围。

在一些情况下，我们可以向客户展示最终的工作成果，或者为其他客户所做的类似项目的成果。不言而喻，我们要适当地隐去其他客户的信息以保全其他客户的保密性。

我们可以提前提出能够帮助客户节省开支的建议，比如给出解决问题的不同方法，或者给客户选择全套方案、初级速成方案的机会。

我们可以坦诚地解释将要开始的工作会给我们带来的挑战和困难。这样做不仅可以增加我们的可信度和亲近感，还可以显示"我们一起"而非"我们自己"的工作态度。

客户对承诺的抗拒

在承诺阶段，客户也许会抗拒那些对解决问题有帮助的行动。产生这样的态度通常是因为信任建立过程前几个阶段的工作没有做扎实。

查理的一位客户拥有 700 家零售连锁店。查理与这位客户谈论公司战略及市场定位时，似乎每一次讨论都从宏大的全球愿景规划开始，但是总是以某人提出这个规划不适合第 327 号店铺而告终。

查理和他的团队成员认为这可能不是制定 700 个不同战略还是 1 个统一战略的问题，他们提出了一个看上去十分基本的解决办法，那就是用 3 种类型去归类 700 家店铺。但即使这样，查理他们仍不能从客户那里得到哪怕是对于解决一些最基本的问题的承诺。后来他们提出建议，不仅将所有店铺划分到 3 种类型中，而且依次绘制并分类汇总店铺利润表，突然间，他们可以对结果进行量化了。所有店铺中，只有十几家店铺无法被归类，这意味着，他们利用统计方法成功识别并分离了在方向上的分歧。

更重要的是，店铺的利润表相比来看差别很大。利润率最高的一类店铺是公司最刻意回避谈论的店铺，因为它们同时以最快的速度丧失市场份额。其他两类店铺则有着迥异的增长率。

客户的承诺意愿一下子涌现出来，他们开始在物业规划和营销方面采取行动。这全要归功于对问题的定义和对不同愿景的构想。在这个例子里，构想从抽象变得具体。

当客户可以实实在在预见结果时，他们会更清楚地认识到向顾问承诺采取各种行动（投资、撤资、翻修、营销）最终会给他们自己带来好处，因此他们愿意继续在全新的信任基础上与顾问开展战略合作。

在这个例子中，很显然，客户需要顾问更多地帮助他们对结果进行构想。一开始他们并不能十分明白对店铺进行分类这一建议对他们的生意意味着什么。但是，当顾问提出了一种不同的分析对象，即店铺的利润表，对其进行归类分析，他们得以看到非常实际、具体的不同结果。解决了这个问题，也就解决了之前卡在承诺阶段的症结，随后的进度便会突飞猛进。由此可以总结出经验：当客户对承诺存疑时，倒退一步（甚至两步），到信任建立过程的上游去寻找答案。

还有一些其他原因会使客户对做出承诺有所抵触。其中最重要的原因是恐惧和自满。在这种时候，顾问应该怎么办？这种时候，顾问最能帮助客户的方式就是直面这些原因，坦诚地将所面临的局面向客户提出来。如果是出于恐惧，克服恐惧的第一步就是承认恐惧的存在。如果是出于自满，也许是时候花费顾问的一些信任资本去提高客户的紧张度，实实在在地"推他一把"。

什么样的行动能够产生承诺？根据我们的经验，把握好"人物""内容""时间"这些老生常谈的维度最有效。将通常使人愉快但是抽象的构想与实际内容联结起来是非常有价值的。在这个意义上，承诺是一件事情"现在怎样"和"将要怎样"之间的联结。

帮助客户做出承诺的工作可能看上去有些枯燥，但实际并非如此。风险和情绪更有可能在这里浮现，因为客户开始意识到他们将要应对的挑战的全貌。承诺阶段所取得的成功将提高客户的积极性，增强双方对于工作目标的认同感和责任感。

共同承诺

信任建立过程中的承诺阶段的行动不同于普通行动计划的行动：既是双方共同的行动，又是非常个人化的行动。

想象一段基本处于初级信任层面（比如专业内容层面）的顾问－客户

关系。在交谈或者会议行将结束时，双方之间的对话可能是这样的：

客户（迈拉）：好吧，对于刚才我们所讨论的，我的理解是，你会撰写项目大纲。乔，你会负责指标的制定，而我会准备团队陈述。我们要在 28 日的进度总结会前把各自的部分完成。

顾问（安迪）：我同意。我们就这个议题做过一些很棒的工作。我会发给乔一份背景资料。另外，我会在会议的前一天把大纲完成。

很显然，这次对话涵盖了"人物""内容""时间"，顾问也努力为客户提供内容并且试图超出客户的预期。但是，尽管对话所安排的任务是在同步进行，但并没有达成真正的"共同"承诺。而且，也没有多少个人层面上的互动。在这个例子中，顾问所做的承诺并没有使他的贡献有别于其他顾问可能做到的水平。他可以轻而易举地被客户组织中的任何人或者另一名顾问取代。

如果是基于信任关系，这场对话将会是怎样的呢？

客户（迈拉）：好吧，对于刚才我们所讨论的，我的理解是，你会撰写项目大纲。乔，你会负责指标的制定，而我会准备团队陈述。我们要在 28 日的进度总结会前把各自的部分完成。

顾问（安迪）：我同意，但是我希望我的同事朱迪也能参与到撰写项目大纲的工作中。她在银行领域经验丰富，能从技术角度为我提供很好的补充。我可以跟她商量这个想法吗？

乔，你所负责的指标制定工作对销售部门同样重要，比尔是我在销售部门的联系人，我能不能告诉他你正在负责这项工作？我觉得他会有兴趣听听你在这方面的意见。

最后，迈拉，不知你是否还记得我们都认为你需要把一些工作委派给下属，花更多时间在对外联系上？这次的任务是不是一个好的机会让你开始对工作方式进行一些改变？

在上面的例子中，顾问给客户带来了额外的价值，这表现在他利用自己为客户完成其他工作所累积的经验，将问题放在更大的背景下进行讨论。能够这样做的人少之又少。通过这样的表现，承诺变成了双方的意愿，变成了真正的共同承诺，而非仅仅计算工作量和分配工作这么简单。

这样的顾问是试图在专业内容层面和个人层面同时加深双方的联系。关系将会因此得到巩固。在这个关于共同承诺的例子中，把客户的个人发展引入对话非常必要。顾问的反应中隐含的是对各参与方更进一步的承诺——不仅关注每一步具体行动，而且继续深入每一步行动的引申含义，以及对客户的个人影响。在达成会议目的之外，这样的顾问还成功地证明了自己作为顾问无法被任何人替代的独一无二的价值。

在第 3 部分的一开始，我们会探讨在实际应用本书目前所讨论到的概念和技巧时，我们都曾面对的困难。接着，我们会涉及一个与之紧密联系的话题，即如何把这些概念和技巧应用到不同类型的客户身上和服务客户的具体情形中。

接下来，我们讨论如何在四种不同的顾问－客户关系阶段建立信任，这四种关系阶段分别是：运用信任关系赢得客户，通过现有合作关系建立信任，在合作关系之外持续赢得信任，以及交叉销售。

最后，我们以一些实用的建议作为本书的结束。

| 第 15 章 |

践行信任关系难在何处

到目前为止，我们在这本书中所讲的大部分内容都可以说是显而易见的道理。那么，为什么我们没有见到更多被客户信任的顾问呢？获得客户的信任究竟难在何处？

人们常常找借口来解释成为值得信赖的顾问有多难，下面是我们听到的一些说法。

1. 这样做要冒太多个人风险。那些涉及客户情感的诉求不太寻常，它们让人感到难为情，甚至有点怪异。

2. 要让人不总想着自己而时刻关注别人可不那么容易。

3. 专业服务机构倡导的是以掌握专业内容和精湛业务技能为中心的文化（我们的教导文化就是专业内容至上）。

4. 我们无法克服被客户认为无知、愚蠢或者不学无术的恐惧，但我们要时刻表现得胸有成竹。

5. 在问题真正得到解决前，很难只听客户滔滔不绝而自己一言不发。要改变我们业已形成的直觉和习惯可太难了。

6. 要把那些难以启齿的真相说出口需要很大的勇气。有些事情不能说得太明显，要么涉及隐私，要么太过冒险，要么显得非常不专业。

7. 有些举动稍有不慎就会侵犯客户的私人空间。

8. 这方法有损优秀内容和专业知识的价值。

9. 这方法听起来太教条了。

10. 这套流程听上去太花时间了！这会让我亏本。

11. 客户希望我把精力放在眼前的工作上，他们不希望因为其他原因同我见面。

12. 在有十足的把握前，采取任何明确的立场都是一件冒险的事情。

13. 我表达了自己的观点，如今却意识到这个观点不甚妥当。现在改变观点的话，我将毫无信誉可言。

14. 要始终保持这么谦卑的姿态可不容易。

让我们依次检验一下上面的说法。

1. 这样做要冒太多个人风险。那些涉及客户情感的诉求不太寻常，它们让人感到难为情，甚至有点怪异。

没错，这样做的确需要冒险。但如果我们处处谨小慎微，也会让客户觉得不舒服，最终还是会令我们难堪。所以，小心地找到平衡点是关键。这意味着体恤、关心和不断地练习。很少有人能够成功地回应客户的情感诉求，但这代表着机会，而非问题。这是一个使我们脱颖而出的好机会。冒险是制造与客户的亲近感必不可少的条件。

高管教练行业正体现了这一点。艾伦·布思这样描述：

> 在与高管进行交流时，个人因素通常从三个深层次的问题体现：这件事对你来说为何重要？你希望我们共同合作达到怎样的成果？你的目标是什么？这些问题让谈话围绕客户本人，而非他

们遇到的"麻烦",更非教练。尽管在缺乏信任的前提下你无法问出这些问题,也不可能得到有意义的回答,但试着赢得客户的许可去探寻这些问题的答案将创造出新的信任基础。[○]

2. 要让人不总想着自己而时刻关注别人可不那么容易。

是的,对大多数人来说,我们总是把"自己"放在最先考虑的位置上。但是,把注意力放在别人的所思所想上能给"自己"带来更多的好处。倾听能帮助我们发现自我。还记得拉尔夫·沃尔多·爱默生(Ralph Waldo Emerson)的那段诗句吗?"那些高声叫嚷的人呐,你们的声音大到我听不见你们在说些什么。"

新的思考方式和行为举止是可以被掌握的,但我们必须常常练习。正如安德莉亚·豪所说:

> 成为值得信赖的顾问是一项由内而外的工程。要在一段关系中得心应手,起点在你自己,要对自己了如指掌。关注他人要求我们始终全力做到脚踏实地、不偏不倚,将压力水平保持在低位,并能保持客观的立场。太多专业顾问疲于应付、心不在焉。假如我们要做到最好,就必须解决这些问题。

3. 专业服务机构倡导的是以掌握专业内容和精湛业务技能为中心的文化(我们的教导文化就是专业内容至上)。

被反复教导的东西并不总是正确无误的,有时仅仅源于人们的惯性。第三点说法没错,但是不全面。很多专业服务机构的确会培育一种专业内容至上的氛围。毕竟,专业内容是可衡量、可量化的。

但是,我们必须承认一些领先的专业服务机构已经(或正在试图)调

○ Alan Booth: Interview with Charlie Green, 2020.

整它们的态度，它们认识到，如果得不到客户的信任，无论掌握着多么优秀的专业内容都无济于事。我们甚至斗胆断言，那些真正优秀的专业服务机构并非只调整它们的态度，而把信任当作它们的安身立命之本。

4. 我们无法克服被客户认为无知、愚蠢或者不学无术的恐惧，但我们要时刻表现得胸有成竹。

我们当然可以克服这种心理障碍。我们觉得无法克服这种困难，只不过因为还未试过，或者还没有认识到，不懂装懂或者盲目自信将使自己显得更加无知、愚蠢或者不学无术。

感到无法克服这些恐惧是人之常情，这是一种应激之下的自我保护，但这并不代表我们无法克服它们。我们成为高级动物的原因之一就是我们能够认识并超越自己的感受。情商的本质在于认识与解读我们自己和他人情绪的能力，并且根据这种解读采取相应的行动，而非任由自己的情绪摆布。

5. 在问题真正得到解决前，很难只听客户滔滔不绝而自己一言不发。要改变我们业已形成的直觉和习惯可太难了。

要一言不发地认真倾听的确很难。有些直觉和习惯由来已久，但它们可以被改变，很多人每天都在改变它们。要做到这一点，第一步是要承认我们所面对的是人们根深蒂固的习惯。我们三位作者到现在仍然没有完全改掉急于开口的毛病。当我们觉得我们知道客户问题的答案时就会变得过于激动，在客户还没把情况说完时就抢着回答。我们也许觉得这样迅速地给出答案可以给客户带来价值，但是客户很可能对此充满反感，认为我们没有耐心听他把话说完就急于表现自己。

为了改变这个习惯，学会控制自己，罗伯特习得了这样的方法：他是左利手，但是在与客户会谈时，他会用自己的右手拿一支笔，每当有话急于脱口时，他都强迫自己至少等到把笔从右手换到左手再决定是否开口，好让自己有控制自己的机会。我们都需要找到能够帮助我们打破习惯的方法，无论这种方法多么简单。否则，我们将在这些习惯中无法自拔。

6. 要把那些难以启齿的真相说出口需要很大的勇气。有些事情不能说得太明显，要么涉及隐私，要么太过冒险，要么显得非常不专业。

是的，没错，这样做确实需要勇气。认识到不把真相说出口会使事情恶化可以赐予我们勇气。不把真相说出口将使我们失去机会帮助客户，无法让对方真正受益。不去冒险的话，我们能与客户建立的亲近感将非常有限，这无助于信任的培养。根据我们的经验，专业顾问总会夸大采取行动的风险，却会低估不作为的代价。艾伦·布思提醒我们：

> 对顾问和教练来说，服务客户的过程也涉及其个人的成分：客户的担忧对你来说是机会，但你自己的担忧是敌人。如果你不能了解并掌控你自己的担忧，它将阻止你与客户一道解决他们的担忧。

7. 有些举动稍有不慎就会侵犯客户的私人空间。

如果我们真心尊重对方，言语间就能流露出来。大多数人不介意你带着尊重的介入。即使介意，人们也不会恶语相向，而是会回复一句简单的"不用了，谢谢"。

大多数顾问，当他们感到某些行为可能"越过红线"以至于侵犯别人的隐私时，实际所担心的并非对方的感受，而是自己在面对对方的反应时的窘态。

如果我们侵犯了别人的隐私，那我们的确是做得有些过头了。这也是为什么"直言不讳"、谨慎的措辞和给别人留有余地这些原则如此重要。

8. 这方法有损优秀内容和专业知识的价值。

有损价值？完全不可能！基于信任的顾问 – 客户关系实际上成全了优

秀内容和专业知识，使它们更加奏效。如果没有足够的信任，优秀内容和专业内容根本无法有效传递给客户。

9. 这方法听起来太教条了。

如果我们妄下结论，如果我们对那些不能遵照这方法的人冷嘲热讽，那么你可以说我们介绍的方法很教条。但是我们并没有这样做。我们一方面避免说教，另一方面确实知道这方法能够起作用，知道它能帮助你达到你未曾达到的效果。

不妨根据你的观察，从完全的实用主义的角度看待它。信任是一种能够带来成功的策略吗？信任和关系是人们决定合作与否的重要因素吗？对于合作伙伴的加倍付出，对方的反应是积极的还是消极的？问问自己这样的方法是否有效，根据自己的亲身经历做出判断。

10. 这套流程听上去太花时间了！这会让我亏本。

这种担心基于两个错误假设。第一，这种担心假设客户不愿意为建立信任所花的时间付费。真实情况是，因为信任的建立自始至终客户都有参与，比起顾问在自己办公室的埋头工作，客户对于那些面对面的交流所带来的价值有更直观的体会，因此会更愿意为此买单。

第二，这种担心假设花在客户身上的时间必须通过当前的咨询项目收回成本。但实际上，做得好的话，这种面对面的信任建立（无论是否有人买单）是最能带来未来收入的途径。成为被别人信任的顾问，还是闷头撰写项目建议书，你更愿意选择哪一个？

11. 客户希望我把精力放在眼前的工作上，他们不希望因为其他原因同我见面。

除非你去争取改变这种局面的权利，否则这样的情况会一直延续下去。你应该不时地尝试改变。你可以直截了当地跟客户确认，他们对你的主要期望是否就是把精力放在眼前的工作上，不想因为其他原因与你见面。开诚布公地确认你的这种观察，说明你会尽全力做到客户所希望的。

　　然后，仔细解读客户的回答，做好准备按照客户的意思行事。如果有一天你感觉到你们的关系不会再有任何改观，那么谢天谢地，这时你就可以非常痛快地做出决定，把你为成为值得信赖的顾问付出的努力用在更值得你下功夫的地方。

　　12. 在有十足的把握前，采取任何明确的立场都是一件冒险的事情。

　　在有十足的把握前采取"坚定不移"的立场是一种冒险的举动。如果你打算采取一种初步的立场，应该确保它的确只是一种"初步的"立场，而且要让客户明白这是一种初步的立场。实际上，采取初步的立场在大多数情况下已经让你看上去对客户很有担当了，而且无一例外地会让客户觉得你考虑问题有自己的想法。

　　盲目地回避问题和盲目地担当都存在弊端。但是，刻意回避立场往往会以失去帮助客户解决问题的机会为代价。这样做限制了应用诸多能够使问题得到解决的方法，包括对前提假设进行定义，组织头脑风暴，展开撞出思想火花的对话，以及通过循序渐进的思考获得客户对于问题的真实想法。由于内心的恐惧（详见自我导向一节），回避立场这种所谓降低风险的举动会让顾问丧失太多积极因素。我们认为，问题不在于采取立场是否太过冒险，而在于不采取立场是极为不专业的行为。

　　13. 我表达了自己的观点，如今却意识到这个观点不甚妥当。现在改变观点的话，我将毫无信誉可言。

　　如果在新的证据或思维面前我们仍然表现得固执己见，我们的信誉将更加岌岌可危。这比承认错误还要危险。承认我们做出了错误的判断就是承认我们并非完美（人本来就不完美），不承认我们会犯错则无异于宣告我们全知全能。为了"信誉"而对错误的观点执迷不悟，同样是自我导向的极端表现。因为你想的全是自己，而非你面对的事实或客户的利益。

14. 要始终保持这么谦卑的姿态可不容易。

谦卑不是懦弱。服务别人不代表我们要卑躬屈膝。自我认知的强大表现在一个人不会时时刻刻都在意自尊是否受到挑战。承认并尊重他人的强大并不会损害我们的自尊和强大。

总之，我们相信，当人们过于在乎自己是否被别人讨厌时，就会夸大信任建立过程中失败的风险。我们极少听到有人真正尝试建立信任而失败的故事。

为什么我们总是急于采取行动

有一种错误的出现次数比其他所有错误的出现次数的总和都要多，那就是在信任建立的过程中，在其他环节尚未完成时，顾问就急于进入布置行动计划的环节。

想象你是一位系统咨询顾问，正与一位潜在客户会面，这位潜在客户就职于你所熟悉的公司的新成立部门。一番寒暄后，这位潜在客户开始向你解释系统运行上出现的问题。

你不停地点头，不时地回以"是的，我理解"，表示自己完全了解潜在客户所提到的各种硬件与软件的专业称谓，偶尔评论道"没错，（在这个公司中你所熟悉的另外一个部门）存在同样的问题"。没过多久，你已经十分确信你一开始预想的原因就是眼前的潜在客户面对的问题的根源：架构设计出了问题。你提出了那个切中要害的问题，果不其然，答案正如你所料！

"你看，"你说，"我们为何不对一些基础架构进行重新配置？这花不了多少时间。我们有一套叫作 IMEX 的解决方案专门用于解决这类问题，我会给你一份介绍材料。这套方案不仅可以解决系统运行的问题，还会让你们的用户对你们更加满意。"

但是接下来发生的事情让你大失所望，潜在客户放弃了与你合作的打算。为什么？因为即便你的答案百分之百正确，他也不会买你的账，除非你赢得了与潜在客户讨论问题根因的权利。在赢得这一权利之前，客户实际上对你的任何提议都会有所抵触。在上面的例子中，你还没有赢得这样的权利。

有趣的不是我们急于采取行动这一行为本身，而是我们为什么会这样做。使顾问急于采取行动的原因有以下四个。

1. 人类天生的自我关注倾向。

2. 认为自己仅仅是在提供专业内容。

3. 钟情于具体可见的事物。

4. 希望获得客户的认可。

人类天生的自我关注倾向

我们把大多数时间花在关注自我上，大多数人都是如此。很少见到有人能够突破这一天性，因此真心实意地关心别人无论是在工作中还是在生活中都是可遇不可求的。

《纽约时报》展开的一次调查显示了类似的结果。$^{\ominus}$60% 的美国人认为大多数人都不可信，但是只有 20% 的美国人表示大多数他们认识的人不可信。换句话说，我们对一个人了解得越多，越有可能假定我们可以信任他。

在一门首席执行官培训课程中，我们在研讨会上每一次都对不同的培训学员提出同一个问题，每一次我们都得到相同的答案。这个问题是：

　㊀　Andrew J. Cherlin, "I'm OK, You're Selfish," *New York Times*, Sunday Magazine, October 17, 1999.

"谁在工作和生活中更加值得信任，你还是你的同事？"一次又一次地，我们得到的答案都是"我"。具体来说，前后有大约 800 名学员回答了我们的问题，他们将同事中 15% 的人放在了可信度水平最低的一档。而这 800 人中只有 1 个人将自己放在了同样的水平上。

我们并不完全肯定这一结果意味着什么。也许意味着人们以自我为中心，或者他们有着较为健康的自尊心，又或者他们是无可救药的利己主义者。但有一点可以肯定，这一结果表明人们对他们了解的人更加信任。

相较于别人的想法，我们总是觉得自己的意图是好的，在专业服务领域（一个完全依靠人力资本运作的领域），这一观察尤为重要。

采取行动让我们感觉到具有作为专业顾问的身份和作用。行动的目的就是找到答案，它满足了我们秀"肌肉"（寻找答案的高超技能）的渴望——我们是建议采取行动的一方，而我们建议采取的行动正是我们在行的事情。

认为自己仅仅是在提供专业内容

我们的一位律师朋友，在他的专业领域是公认的顶尖人物。他告诉我们，他相信在法律行业，成功的关键是在你所在的城市、所在的领域成为数一数二的专业内容提供者，即所谓的专家。根据他的这种说法，整个纽约城的成功律师也不超过 100 位。然而，这种说法没有把客户关系放在与专业内容同等重要的地位，在我们看来有所局限。

当下，专业顾问要保持自身知识的更新越来越难。对医生来说，要跟上研究论文的发表速度实际上已经变得不可能，律师同样如此。对管理咨询师来说，工作性质决定的对知识面的要求像天空般没有边际。对会计师来说，税务准则有着如此庞大的体系，以至于任何一个人想要将其完全精通都无异于痴人说梦。在这样的压力下，人们很容易相信只要精通自己的细分专业内容就足够了。

客户也为这一想法"火上浇油",因为在意识层面上,他们仍然信奉专业内容为王的法则。他们会把聘请的律师、咨询师以及会计师看作内容专家。当他们称赞你时,称赞的对象通常都是你对专业内容的精通。

虽然这是一种误导,但是是很多人的信念,它使专业顾问本能地急于来到信任建立过程中与专业内容最相关的一步——"那就让我们动手干吧!"。

在技术越发复杂的世界中,对内容至上的执着是把双刃剑。迈克尔·基塞斯提醒我们,在财务咨询领域:

> 作为专业人士,我们会把大多数客户对我们作为专家的资质评估看作不可接受的行为,即使我们越来越多地被那些无法辨别对错的客户盲目地赋予"神圣职责"。但是,这种评估本身的难度意味着这些客户经常只能去评估一些无形因素,如事务所的规模、社会认同、情感联系和融洽的关系。所以,尽管看上去很矛盾,但实际上技术起到的作用是在客户评价顾问专业度时将决定因素更多地推向情感维度。

财务咨询领域的例子也许极端,但并非罕见。

钟情于具体可见的事物

在专业领域,人们看重解决问题的能力。善于解决问题的人,天生无法忍受"真空"的存在。他们不能承受在信任建立初期在所难免的诸多变数。如果对话中出现沉默,他们就会想方设法用各种假设去填满沟通中的空隙,然后用各种关于问题的数据来佐证他们的假设。

因此,毫不奇怪,对很多人来说,哪怕一丝的含糊不清或不确定性都会令他们感到不自在。专业顾问没有被训练成能提出开放式问题的人，恰恰相反，他们通常都是提出封闭式问题，他们用这样的问题来强化自己的前提假设，展示自己的高明之处。我们经常被训练要掌控会议，不能冒险让客户"挟持"会议的走向。

在这个含混不清的世界里，不难理解有人会因为终于可以着手实施具体行动而松口气：谁来做什么，利用什么资源达到目的，何时完成，以什么次序完成，成本是多少，根据什么样的指标参数来完成，等等。行动是看得见、摸得着的，对这种确定性的渴望深深根植于许多专业顾问的大脑。

希望获得客户的认可

专业顾问的世界充满矛盾，并且他们在不知不觉中演绎着这些矛盾。我们不妨来看一看典型的专业顾问通常面临的矛盾和它们的成因。

- 我们必须掌握大量证据确凿的事实和细节，但我们提供的"产品"很少具体可见。
- 我们所在的专业服务机构通常秉承着机构高于个人的宗旨，但是我们常常被提醒大多数客户看中的是为他们提供服务的个人，而非他们所在的机构。

许多专业服务机构强调人才的重要性，但是人员流动率却居高不下。它们一边宣称要为了保证质量而"修枝剪叶"（解雇员工），一边宣称要"吸引和留住最优秀的人才"（招聘员工）。

无论哪一家专业服务机构，那些离开后回归这里的专业顾问都会提到，专业服务机构的第一竞争力是"人"。但同时，这些地方常常缺失的又恰恰是对人际管理的重视。

大多数专业顾问不喜欢被看作"推销服务"者，但"拓展业务"常常是他们在职业中期甚至更早的阶段必须去做的事情。

- 以我们的经验，很多专业顾问在心理上既有一点不安全感，又有一点自视甚高。

在这样的矛盾困惑中，专业顾问极其需要从客户那里得到积极的反馈，因为客户的意见最终胜过一切。这些反馈通常来自客户对顾问行为的认可。只有当客户做出了合乎预期的反应，一名正常的稍稍有些神经紧绷的顾问才能真正确定事情在顺利进行。也正是在这种时候，双方才能真正做出财务和其他方面上的承诺，顾问才能得以将他经过训练的专业技能运用到实践当中。在此之前，所有事情感觉上都充满了变数。

这种倾向在无形中根植于我们内心。在我们举办的首席执行官培训项目中，我们发现了一个有趣的现象，那就是虽然我们在角色扮演前明确地告诉学员，在信任建立的过程中最有可能犯的错误就是急于进入解决问题和采取行动的阶段，但当他们进入设定情景后，几乎无一例外地犯了这样的错误。

如果没有主动的自我抑制和不断练习来控制自己的本能，我们很难培养新的习惯。学习用新的方式与人互动不是一蹴而就的事情。很多人身上的坏习惯需要一辈子的时间去纠正。

我们的很多本能都不利于建立自然的信任关系，因此我们需要主动地自我管理，使内心强大起来，强大到足以改变我们出自本能的行为。

风险

管理咨询顾问丽贝卡向我们讲述了她过往的一段客户关系。那次的项目进行得很顺利，其间，她与客户相处得很愉快，但是在项目结束后她并没有努力去维护这一客户关系。一年之后，客户打电话给丽贝卡，带着埋怨的语气说："你为什么不再打电话给我？我本以为我们的合作非常愉快，那之后有好几次我都觉得你也许可以帮上我的忙。"丽贝卡稍后跟我们解释道，她之所以没有与客户保持联系，是因为"我觉得那样做太冒险了，有可能会让人觉得唐突。我总觉得，如果需要我帮忙，她肯定会打电话给我"。失去巩固信任的机会，这对双方来讲都太可惜了！

人们不去做"建立信任相关的事"，首要原因经常是"瞧，我不那么做是因为风险太大了"。"风险"这个词被不断地提到。那就让我们看看它到底是什么意思。

首先，让我们回顾一下这句话：无风险，不信任。对关系的双方而言，必须有一方首先采取冒险行动。如果我们不愿冒险采取主动建立信任关系的行动，那我们实际上是放弃了积极建立信任关系的可能性。

什么样的行为会让人觉得"风险太大"？摆明观点，直言不讳，反馈式倾听，注意对方的情绪，遵循信任建立的过程而非急于采取行动——几乎所有到目前为止我们提到的行为都能够增加信任，但正是这些我们所推荐的行为"风险太大"，而且经常被人评价为不切实际。

这不是一个孰对孰错的问题。建立信任的确需要承担一些风险，但风险与信任并不是对立的，风险是信任的一部分，也是它的载体。所以，当人们说"那样做不会增加信任，因为太冒险了"时，我们会说"冒些风险正是你建立信任的途径"。

其次，仔细查验后会发现，人们担心的工作上的风险，其实也是个人风险。我们认为大致存在两种类型的风险规避心理：担心可信度受到影响的风险，以及担心亲近感受到影响的风险。表 15-1 分析了这两种心理。

表 15-1　感受到有风险的原因

可信度面临风险	"你不能"	"因为客户要的是"
	提出假设	答案
	说不知道	信心
	把焦点放在界定问题上	专业建议
亲近感面临风险	"你不能"	"因为客户要的是"
	行动之前花太多时间倾听	行动
	与客户走得过近	"专业"的关系
	谈论情绪	确凿的事实
	偏离既定计划	进展
	指出难题	保存颜面

担心可信度受到影响的心理基于对"专业顾问"这一角色的误解。太多专业顾问（甚至客户）被专业精神的错误解读所累。他们相信"专业"意味着：

1. 你必须知道问题的答案。

2. 如果你不知道答案，就不要吭声（并且赶快去找有相应背景的专业人士来解答）。

3. 要让自己深藏不露，毕竟深厚的知识储备往往意味着"静水流深"。

4. 通常，你必须避免让客户看到你知识储备的不足。

基于这种对专业精神的看法，难怪有人会担心，假若公开承认自己对某个问题不了解，会带来多大的风险，而建议对问题进行进一步澄清或通过一系列假设帮助解决问题，也是有风险的行为。

因此，在可信度上感受到的风险实际上是基于对专业精神的狭隘认识，我们把它叫作狭隘的专业主义，而非包容的专业主义。

在亲近感上感受到的风险则源自另外一个错误的认知，那就是客户不想超越基于理性观点来探讨更广阔范围内的事物。客户不会主动提出想要和他的服务方建立更深入的、更亲近的关系。但是他会常常说，选择专业服务的首要标准就是服务方"理解"他的特殊情况（而非类似的一般情况）。

对采购行为的研究，大多数结论都显示采购是一种极为情绪化的行为。这一结论尤其适用于那些数额巨大的、高度差异化的、复杂的、对客户而言有风险的专业服务项目采购行为。但是对于这种采购，双方都很容易自欺欺人地认为，在采购活动中理性和逻辑因素始终是主导。这种误解的原因在于理性行为更容易被人理解。这样的误解使专业顾问相信客户不想要更亲近的关系。但是要知道，采购行为是非常情绪化的，而且一直如此。

风险有两种：做不该做的事情，以及不做该做的事情。大多数商业人士为了避免第一种风险，常常在不知不觉中让自己承载了第二种风险。第二种风险则比单纯的做错事情更加不易觉察，影响也更加严重。做了不该做的事情是一种容易被理解的错误，我们可以从中吸取教训，并且有被原谅的可能。但是，应该做的事情却不去做，长此以往会成为"故意的无知"，甚至傲慢，暴露出来的是勇气的缺失。

但是，这两种风险还无法解释所有的情况。比如，我们如何解释丽贝卡错误地假定她的客户不会太在乎她是否保持联系？还有另外一个层面的感性因素在起作用，那就是顾问内心的恐惧。

恐惧什么？我们实际上可以给出一长串让顾问感到恐惧的对象，比如：

1. 无法给出答案。

2. 无法迅速地给出正确答案。

3. 给出错误答案。

4. 在社交上有失礼节。

5. 表现出困惑。

6. 不知如何做出反应。

7. 错过某些信息。

8. 表现出自己的无知。

9. 错误地进行判断。

专业服务行业的从业者对自己都有些苛刻，也许这是许多"优等生"的普遍症状，是在质量标准没有上限的工作环境中养成的习惯。这些"优等生"与生俱来的一种能力就是看到自己的不足之处，因此，他们会围绕着对自身不足的恐惧做噩梦也就不足为奇了。但是，如果让恐惧左右我们的行为，那我们永远不会去冒险，所取得的成就也会受到限制。

最后，专业服务领域也许已经成为那些不善于通过直接的、情绪化的方式表达的人的最后一方理性乐土。在专业服务行业，礼貌的社交技巧和聪明的头脑通常可以大体补偿对于感性因素的回避。加上对理性的"顶礼膜拜"，许多顾问感到信任等式中的亲近感意味着风险也就不让人惊讶了。

我们太过钟情于一种信念，那就是唯一能够保证不会失败的方法是永远不去尝试。就如一句古老的西西里谚语所言，"只跟自己比赛的人永远不会输"（Chi gioca solo non perde mai）。但问题在于，不去尝试也意味着永远不会赢。韦恩·格雷茨基（Wayne Gretzky）说得好："没打出的枪百分之百不会中靶。"

好消息是，如果你愿意承受个人风险，努力增加与客户的亲近感，那么你的努力和尝试多半会引起客户的注意。他们会给你应有的回馈。

管理自己的情绪

情绪管理对成为值得信赖的顾问有多重要？我们认为恐怕是非常重要。

　　讲一个大家也许都经历过的例子。想象你正参加客户的一次会议，在项目初期为下一步的工作做调研。还有其他几个人参会，会议中提到好几个你不太熟悉的概念。某人发言时提到"XP-27"，其他几个人都会意地笑着。你不知道那具体指的是什么。这时候，你是停下来问个究竟，还是让会议继续进行下去，想着也许你在提前阅读材料的时候漏掉了相关信息，或许能在接下来的会议中通过上下文搞清楚状况（毕竟，到目前为止，你在工作上表现出来的推断本领还不赖）？

　　假设你选择了后一种方式。几分钟过后，另一个类似的情况发生，某人提到"RB-5"，另一个人跟着说道："是啊，如果是那样，它会让 XP-27 看起来小菜一碟！"每个人都笑着不住地点头，当然除了你，因为你完全不知道他们在讲些什么。此时，讨论迅速地转移到别的话题上。

　　现在你面对的问题就稍稍有些棘手了。如果你打断大家的交谈，询问刚才那段话的意思，你就要面临显得无知或准备不足的风险。与此同时，你还面临暴露刚才提到 XP-27 时你企图蒙混过关的风险。当你为此左思右想的时候，你的心思便无法放到正在讨论的问题上，因此在接下来的讨论中你还会有更多的混淆。

　　很显然，这是个非常普通的例子，而且我们中的大多数人都知道应该如何应对这种局面。我们会说，"也许我是唯一没有提前做好功课的人，但是……"或者"也许这听起来很蠢，但是能不能有人帮我理解一下……"。既然我们知道应该怎么应对这种局面，那么为什么实际中我们很少这样去做呢？

　　事实是，越是紧要关头，越是难采取那些简单的、显而易见的自我纠正的低姿态。我们的情绪左右了我们的大脑，从而无法做出最明智的选择。

　　相较于头脑冷静地分析情况，比如问问自己"在这一阶段我希望达成的目标是什么? 我现在应该说些什么, 应该怎么组织语言?", 我们自身情感上的需求 (如自我实现) 更多地左右着我们的行为。

值得信赖的顾问首先是能够全身心地将自己的精力、自己的关注点、自己的注意力集中到客户身上的人。做到这一点的最大障碍就是把关注点和注意力放在自己身上的行为, 而引发这种行为的根本原因就是以自我为中心和患得患失的恐惧感。

我们必须学会控制的情绪和冲动有:

1. 想要将功劳揽在自己身上。

2. 想要讲些什么来填充对话中的空白。

3. 因为不安全感而把自己的所有资历都拿给别人看。

4. 想要暂时搁置问题留待没有压力时解决。

5. 想要为自己的答案留有余地。

6. 想要过快地把自己对问题的解读套在客户身上。

| 第 16 章 |

定义不同类型的客户

针对"建立信任"这个题目进行写作、演讲和教学时，我们尽量避免过于概括地定义客户，假定他们都是一样的人。人们很容易倾向这样把问题简单化，但这样做是危险的，也是错误的。我们经历的（很可能也包括你经历的）所有工作都揭示了客户与客户之间可以有多么不同。因此，思考如何辨识和应对工作中遇到的不同类型的客户就显得很有价值。

下面，我们提出一些原则来帮助你仔细研究如何与不同类型的客户打交道。

1. 事先就要对客户的不同特点以及在此情况下你可能需要采取的不同工作方式做足功课。

考虑清楚每一个客户与其他客户相比有何不同之处，这里所说的"其他客户"可以来自你自认表现最好的服务经历，也可以来自你自认表现最糟的服务经历。在每一次与客户见面时，从你所参照的过往经历中至少分别提炼出一个经验教训来为服务当前的客户提供指导。

有一次，罗伯特受邀参加某个处于快速成长期的咨询公司举办的年度会议。会议相当隆重，毕竟是由这家公司的创始合伙人之一发出的邀请。这位合伙人希望罗伯特能在会议中就专业咨询公司为客户提供咨询建议的话题发表一下他的看法。罗伯特欣然同意，准备了时长 90 分钟的演讲，并给演讲起了一个朗朗上口的题目，叫"Lady Gaga⊖也会在台上紧张，米克·贾格尔⊜也要在台下排练"，在约定的日期准时赴约。

不幸的是，那位邀请罗伯特的合伙人忘记告诉其他两位创始合伙人这次邀请的目的，（同样不幸的是）他也没有跟罗伯特及时沟通。罗伯特有所不知的是，对于这家咨询公司究竟应该如何在客户面前定位自己，最终的咨询报告应该以何种方式呈现，以及应该如何传递信息，公司内部有很大的分歧。更糟的是，邀请罗伯特的合伙人只是在演讲开始时草草地做了一下介绍就匆匆离开了会场。

其余两位创始合伙人立刻抓住这个机会，在演讲开始仅仅 5 分钟后就打断了罗伯特的演讲。其中一位创始合伙人质疑这次演讲的安排和话题是否合适，他的言论马上挑起了会场内的激烈辩论。辩论持续了将近一小时。

不用说，罗伯特准备的演讲不了了之。罗伯特仍然清楚地记得那次"盛会"结束时那种炮弹在耳边爆炸般的震惊感觉。公司中不那么资深的一位合伙人经过罗伯特身边，耸耸肩对他说，"省省力气吧"。

这个故事提醒我们，在参加任何一次会议前，一定要对客户希望你为他们提供的服务有彻底的了解。

大卫与一家老客户有着类似的经历。他连续 3 年被聘请去主持这家公司的年会活动。因为与这家公司有丰富的合作经验，大卫自认为他已经知

⊖ 美国歌手、词曲作者、演员。——译者注
⊜ 英国歌手，滚石乐队主唱。——译者注

道所有关于这项工作他需要知道的事情。但是，最终这次活动却是一场灾难，因为实际上当年公司内部产生了分裂，而没有人提前将这个新情况告诉他。

大卫的第一反应自然是维护自己的尊严和名声，把责任归咎于客户，居然没有把这么重要的信息提前告诉他。但是很快地，他意识到这件事显然给自己上了一课：提前收集信息是他作为专业顾问分内的责任。正如我们在讨论感性界定时提到的，值得信赖的顾问必须避免指责他人的过失，而要为顾问过程中的成败负责。

大卫本来应该做的是向承办这次活动的联系人提出下面这些细致而深刻的问题，即使这样做可能被客户看作咄咄逼人：

- 有没有什么话题对这种场合来说过于敏感而应该避免？
- 有没有什么话题在你的同事中具有明显的分歧？
- 哪些地方我们可能会遇到最多的抵触情绪？
- 你们有没有什么正在进行的计划和行动会对这次活动产生影响？

作为值得信赖的顾问，为了做到有效地服务客户，必须事前把这些问题问清楚。

2. 当你面对客户时，提醒自己回答下面 3 个问题。

- 客户的个人动机是什么？
- 他有着什么样的性格？
- 组织的状况如何影响他看待问题的方式？

回答了这 3 个问题后，再努力使自己找到这个问题的答案："我应该如何调整自己的行为才能以客户喜欢的风格和方式与他打交道？"

3. 对于客户的个人动机，思考下面哪一条排在最前面。

- 客户希望表现出色。

- 客户希望采取行动并达成目标。

- 客户希望在决策前能够进行充分的理解和分析。

- 客户希望取得一致意见。

明确客户对这些需求的偏好，你至少有机会将话题朝着特定结果的方向引导（表现出色、行动、分析或取得一致意见）。

那么，应该如何适应客户的性格，将行动与之匹配？俗话说"一锅配一盖，锅锅不同样"，有些人喜欢在交往中留出空间思考，有些人则享受快节奏的互动。可能在另一个场合，客户的喜好又恰恰相反。有时我们会遇到一拍即合的客户，而有时我们又不得不做出调整。

有人说好的表演不是装得像，而是把焦点集中在自身性格中最能够诠释角色的那一面上，并同时抑制性格中的其他方面。这是个非常好的建议。不必假装、欺骗或曲解，去找到你的性格中最适合眼下情形的那一面。

即便我们与客户的个人动机和性格相匹配，即便我们正确把握时机，也有一个因素会让我们的日子不好过，那就是客户所在环境的影响。⊖在一个环境中能够保持乐观的人，有可能在另外一个环境中心灰意冷。我们都看到过一个人因为更换工作岗位就经历性格上的巨大变化。

4. 找到客户作为一个普通人会让你真正喜欢的方面。

找到客户让你觉得特别、有趣、有生活目标或者有魅力的方面。你不需要喜欢客户的每个方面，但是如果你能把注意力集中到让你喜欢的某一方面上，你会发现与对方打起交道来会容易得多。

⊖　LIFO and Life Orientations Training, Dr. Stuart Atkins, Stuart Atkins, Inc., Beverly Hills, Calif.

如果不容易找到，或者他们身上没有任何一个方面可以与你喜欢的事或人联系起来，那这对你来说就是个极为明显的暗示——这样的客户也许不适合你，任何对性格的调整都无济于事。

这不是在给人贴标签，也不是说每个客户都可以被归类。与此相反，这样做是为了帮助我们把精力集中到最为重要的客户身上——那些我们最有可能与之产生共鸣，可以愉快地合作并取得他们信任的客户。

5. 运用信任等式。

另外一个应对不同类型的客户的方法，是注意观察他们对于信任等式中的基本要素有何不同的反应。

不是每个客户都会对信任等式中的不同要素赋予同样的权重。首先应判断对方将多少时间和精力放在等式的前两个要素（即可信度和可靠度）上。对很多客户来说，可信度和可靠度是信任建立初始阶段的"入场券"。他们只有在对可信度和可靠度满意之后才会开始注意亲近感和自我导向这样的要素。

对一些客户来说，这个初始阶段要持续很长的时间。这也许是因为他们评估亲近感和自我导向要基于讨论较为常见的话题，以此尽量"争取时间"。他们把注意力放在可信度和可靠度上，可能是因为他们感觉自己"应该"更关注那些客观理性的因素，又或者是因为他们在处理客观问题时更加得心应手。原因其实并不重要。

倾向于亲近感和自我导向要素的客户很快就会释放出信号，而倾向于可信度和可靠度的客户可能需要通过引导才能关注亲近感和自我导向。他们不采取主动并不表示他们不关注这些要素，他们在等你来引导。

对信任等式中的每一个要素，不同类型的客户会关注什么？我们建议你根据每一个客户的情况回答下面的问题。你大概是回答这些问题的最好人选，毕竟你对客户的了解才是关键。

- 我的客户有多看重我客观公正、不偏不倚、清楚明了的看法，并把我看作专业典范的代表？
- 我的客户有多看重我与他过去打交道过程中的表现？我是否言出必行？
- 我的客户有多看重我是不是他可以畅所欲言的倾诉对象，不会让他在倾诉时感到难堪或担心泄密？
- 我的客户有多看重我站在他这一边，始终为他着想？

有些特点和差异在人群中是普遍存在的，对于这些特点和差异我们倒是可以做笼统的概括。有些客户非常在乎他人的理解，这样的客户也许会给你留很大的余地，让你在信任建立的后续阶段中加速通过。

有些客户非常强调倾听的重要性，而且不是出于好奇心，是真的钟情于倾听。这样的客户通常自己就精于沟通之道。遇到这样的客户，大可直接切入主题。这样做不仅不会冒任何风险，而且对方会对你赞赏有加。

高度理性的客户则会将重点放在界定问题上，无论是理性界定还是感性界定。他们是那些会坚持使用活动挂图和（可擦除的）马克笔，讲话时观点和假设分明，言语中满是新奇想法的人。

当人们处于强烈的情绪之中，如感到矛盾、沮丧、欣喜若狂、尴尬窘迫或无忧无虑时，进行感性界定最为合适。进行感性界定时，顾问可以使用较为直接的方式，但是要尽量在私下里谨慎地完成。虽然有些人会周期性地在工作中受到情绪的影响（此时需要顾问运用感性界定的技巧），但大多数人只是偶尔如此。所以，进行恰当的感性界定不仅因人而异，而且应视对方所处的情绪状态而异。

善于推理，思维具有批判性，喜欢用结构化的方式思考问题，高度理性并且具有质疑精神的人，结构性的构想在他们身上通常容易奏效。有时，天马行空、充满想象力的人也比较容易接受使用构想的方式进行沟通。

对上面第一种类型的客户来说，构想之所以奏效，是因为它能强化最终受益的效果，帮助顾问化解客户心中的疑虑。同时，构想如果设计合理，也能够发挥参与双方推理和结构化思维的相关才能。对于坚持理性的客户来说，这种方法具有很大的吸引力，因为他们认为这是用大家觉得"合乎情理"的方式解决问题。

对第二种类型的客户，构想奏效的原因是它有利于无拘无束、创造性地运用想象力的行为。

我们不鼓励客户急于进入信任建立的行动环节。这是因为，正如前面所讲，行动应该被看作信任建立各个阶段带来的自然而然的结果。

棘手的客户类型以及应对之道

前面我们详细介绍了不同的客户为何风格迥异，以及抓住这些不同特点的重要性。接下来，我们斗胆介绍几种我们从客户身上观察到的不同行为特征。这些典型特征能够帮助我们聚焦于那些公认的复杂性格。

类型 1："我只在乎事实"型客户

客户：我只在乎事实。我需要你回答时你再开口。不要向我推销你的服务。为什么你们的费用这么贵？这里只有我说了算。

应对之道（澄清并确认）：不要被客户的言语蒙蔽。和其他人一样，客户这样说其实是在寻求理解。对某些人来说，这种强势的语气甚至是在掩饰内心害怕犯错或被误解的恐惧。应对这样的客户，秘诀在于使用客户的语言而非你自己的语言，澄清并确认事实，肯定他们看重的价值，然后试着依照这样的价值行动，并且不时地与客户进行确认。

回答：我明白，你不喜欢花里胡哨，你要的是直截了当。你不想浪费时间，你希望每次交谈时我都言之有物。因为你就是这样雷厉风行的人。我的理解正确吗？

类型2："我会再联系你"型客户

客户：这听上去不错，但是我不想现在就做出承诺。我不希望把大家的期望提得太高。我需要时间仔细研究研究，并且跟我的上司汇报一下。稍后我会再联系你。

应对之道（提前预判）：通常这种客户对马上做出判断（更何况决定）感到紧张。他们相对保守，害怕犯错，需要时间考虑事情的来龙去脉。他们这样做没有什么不对。对这样的反应提前做好准备，并想办法为他们的工作提供便利。如果对方想要保密，你要表示你的理解，并且承诺守口如瓶。

回答：我准备了一页纸的要点总结。如果愿意，你可以拿走，你也可以跟你的上司商量一下。这完全没问题。我会等你的消息。如果你想要通过电子邮件联系，或在会议间隙进行沟通，我会确保立刻给你回复。

以上回答的关键是接受对方不想马上做出判断、希望三思而后行的反应，并表示你是可以等待的。

类型3："你可是专家啊，还要问我？"型客户

客户：那么，你觉得我们应该怎么办？我可没有时间教你该怎么做。已经过去这么久了，专家，你给我的答案是什么？

应对之道（提出假设）：这时客户已经放弃了对局面保持控制的想法。客户为什么会这样已经不太重要了——可能出于恐惧或者怨气，甚至可能仅仅因为他们这一天过得不太顺利。此时你不要当面与其对质，这样只会让客户和你自己都感到难堪。要用一系列的假想情况为沟通带来价值。

回答：我知道其他一些客户最终所采用的方式，但是每个人的情况不一样。你有几种选择，但是我需要了解一些情况才能确定你的选择。实际上，你采用的方式取决于几个方面，特别是 X 和 Y，我们就这两点做进一步的讨论如何？

类型 4："让我来处理"型客户

客户：你的想法很好，但是你不了解这里面的利害关系。要是你出面，很可能会撞得"头破血流"。他们还不了解你，这么做有点冒险。你把这些材料给我，由我来处理。我能应对这里面的利害关系，让我来处理吧。

应对之道（赢得信任）：说这种话的客户对你还没有产生信任。你的首选行动是应用技巧和信任建立过程，争取赢得代表客户在处理技术难题的同时处理各种利害关系的权利。但是，说这种话的客户也有可能对任何人都缺乏信任。所以，你的次选行动是在私下里开诚布公地与客户讨论他们对此次合作的安全感看法。安全感方面的担忧通常是客户宁肯亲力亲为而不愿委托放权的最深层原因。

回答：你提的这一点很有道理。我想我知道你指的是什么，但并不完全确定我是否理解了你的全部意思。你能否花几分钟时间多跟我讲讲其中的细节？

类型 5："让我们重新梳理一遍"型客户

客户：第 5 次的草稿已经相当不错了，但是这里面有些细微差别可能会很致命。你也知道，魔鬼总在细节处。对这些草稿进行反复考虑非常关键，对人力资源委员会而言尤其如此。

应对之道（通过不同选择界定问题）：这一类客户在处理细节时最为得心应手，他们很可能知道如何通过细节为工作增加价值，因此很难对细节置之不理。但从另一个视角来看，以细节为导向的行为背后很可能是极强的控制欲。这种控制欲很可能使人一叶障目，无法采取具有大局意识的行动。你的应对办法是使大局也变得可控。

回答：我们是不是应该把 40% 的时间花在影响大局的决策上，把 60% 的时间花在细节上？或者反过来？或者：让我们用这个大家熟知的五步骤法来仔细地梳理一下。

类型 6："你不了解情况"型客户

客户：你不了解我们的业务情况。你是南方人，自然不了解我们北方人的做事方式。你在这里待的时间还不够久，你还不了解情况。

应对之道（虚心求教）：客户，就像平常人一样，都希望显得与众不同。但事实是，客户看到自己的业务与其他业务的相似之处越多，就对自己的处世之道和经验越感到自信。但是，你不应该与客户争辩相关道理。你有足够的时间在与客户的合作中向他们展示这些相似之处，但是在一开始，你的顾问工作就应该从客户看待问题的角度出发。

不要试图一口气就赢得这场争辩的胜利。承认你来自南方，这里的做

事方式肯定有所不同。你不确定这些不同表现在哪些方面，但是你希望他
们能够帮助你认识这些不同之处。稍后，你们可以一起坐下来评估一下你
缺少哪些重要的背景知识。

回答：你说得一点儿没错。不知你是否愿意帮助我认识到这
中间的不同具体在哪儿。我很愿意向你学习，哪怕能给你带来一
点儿帮助也好。你能否跟我分享一些你对这些不同之处的心得？

类型 7：“敌人的敌人就是朋友”型客户

客户：那么，这对艾莉森意味着什么？你知道，在里士满那
里，这个想法可不是那么好实现。不要跟法务部的那帮人提起
这件事，他们不知道也没关系。还有，比尔对这个提议有什么
看法？

应对之道（把公司政治纳入考量）：这样的客户非常喜欢公司政治。也
许这正是他们寻求内部权力的渠道，是他们在常规工作之外竞争相对较小
的地方增加影响力的途径。无论怎样，你都可以通过使用他们所习惯的语
言来达到双方的目的。

不要去争论他们的话语暗示的价值观，更不要去批判。相反地，把公
司政治当作研究对象，大可以在私下里与客户开诚布公地讨论它，定出讨
论议程、目标，列出各种选择的优缺点，就像讨论投资或市场决策一样。
如果哪个话题确实不适合讨论，对方自然会中断对话，但这并不是你强迫
中断的结果，也不会让他们感到难堪。

回答：好的，这听上去很关键，让我们把细节说清楚。这件
事与艾莉森有什么利害关系？在里士满那里究竟会遇到什么样的

障碍？我不知道你能不能给我一些意见，哪些事应该跟法务部沟通，哪些事不应该？比尔已经同意这个提议。为什么你会问那个问题？

类型 8："就像……你懂的……就是那样吗？"型客户

客户：我希望你能，呃，你懂的，把它搞定。一份简要的报告，或者说是简单的提案，不要太复杂，但是要把事情说清楚。嗯，就是那样。可能需要你帮一点儿忙把它搞出来，你懂的。把我这些话，刚刚说的这些，写出来，再润色一下，就可以啦。

应对之道（找到客户习惯的沟通方式）：有些人确实缺乏语言天赋。这些客户的表达能力不强，但是常常洞察力不凡，或深谙其他形式的沟通技巧。

顾问要帮助他们，不要强迫他们用顾问自己舒服的方式沟通。给他们不同的选择，把要说的事情写下来。不知如何把内心想法诉诸语言的人常常有一肚子话要表达。你需要帮他们找到表达的方式。把选择写在纸上，把需要他们做出决定的事情排出顺序或等级。不要指望开放式问题可以奏效。如果他们不能用开放式的方式解释问题，更多的开放式问题只会使事情更糟。不要气馁，你有机会通过解决困扰了他们一辈子的让人头疼的问题而为他们带来价值，这能使你自己在这个过程中变得不可或缺。

回答：我试着把那天讨论的内容总结在了这份材料里面。我尽量全面地把问题概括出来，当然这还只是草稿。我想先给你过目再确定终稿。你看哪些方面你觉得最为可行，哪些方面你不太喜欢？

类型 9："哦，对了，还有一件事"型客户

客户：哦，对了，还有一件事，我本来应该邀请你参加我们刚刚召开的那场会议。你读了那份材料吧？我本来应该发给你的。你本来应该参与到那个项目中去的。这些可能对你手头在做的这项工作有帮助。嗨，没关系，你尽力而为。

应对之道（直言不讳）：你是否总是错过重要的提议、会议、简报或数据？这可能有两种原因，要么是客户对你个人有意见，要么是客户在你不知情的情况下给你贴上了某某领域专家的标签，觉得你对此领域之外的其他事情一概不懂。无论哪种原因，你都可能感觉受到冒犯。其实大可不必。

你可以要求跟客户私下里谈一谈。假定你是被贴了标签而不是客户不喜欢你，那你就要使用"直言不讳"的相关技巧。请求客户帮助你站在他们的角度看待问题。注意你的语言，确保你的话里不会出现诸如"我觉得""我认为""我们善于""我们需要"这样的字眼。

客户不在乎你怎么觉得、你如何认为和你需要什么。他们不会也不应该在乎，直到他们有理由相信你对专业领域之外的其他事情也有所了解。这样的客户愿意你与他们建立委托关系（见第 10 章）。如果原因是客户真的不喜欢你，他很可能会当面告诉你，而不是把你晾在那里。如果你能表现出真诚的一面，就算是不喜欢你的客户也不会忍心继续让你蒙在鼓里。

回答：谢谢你同意面谈。我请求这次短暂的会面是因为我现在还缺少一些数据，没有这些数据我很难开展工作，做出贡献。此外，我前后遇到过 5 次错过会议、文档或研究资料的情

况。我不知道发生这种情况的原因，不知道我需要做些什么才能不会继续错过这些重要的信息来源。我非常希望我的工作能够带来贡献，能够与你一起合作，协助你的工作。为此，我会竭尽全力。如果这次谈话让你感到不舒服的话，我更是非常抱歉，其实这样的谈话对我来讲也不容易。但是我觉得，如果我们可以坦诚相见，这对双方都会有利。你是否觉得我说得有道理？如果是的话，你能否帮助我理解我需要做些什么才能使我的工作变得更有效？

| 第 17 章 |

运用信任关系赢得客户

在成为值得信赖的顾问这条路上，很多最艰难的挑战来自拓展业务。我们认识的大多数专业顾问都由衷地愿意服务客户，希望始终做正确的事情，并得到客户认可。但是随着职业的晋升，他们早晚都要面对一个艰巨的任务：推销生意。

我们很少见到有人进入专业领域是为了有一天成为推销员。实际上，绝大多数人对"营销"持有负面看法。"汽车销售"在盖洛普每年对职业诚实和操守的排名调查中都排在倒数。专业人士自视为具有高尚理想的专家，认为"签单"和"硬性销售"这样的字眼面目可憎，让他们去讨价还价还不如要了他们的命。这也解释了为何许多专业人士在谈判时的表现十分蹩脚，为何他们喜欢管"营销"叫"拓展业务"。

这种观念根深蒂固，但不可否认的是，如果不能把专业服务卖给潜在客户，专业服务机构也将不复存在。

"高高在上"的形象和来自达成交易的现实压力之间存在着矛盾。解决这种矛盾的办法通常是间接的。有的机构聘请专业营销人员，有的机构在多如牛毛的营销培训公司中寻求帮助（这些培训公司因为是推销技巧的忠实信徒而很少能够与专业顾问进行真正的交流），有的机构忍受着这种内在矛盾。所有这些方法都没有根本解决矛盾，因而不甚理想。

我们相信根本解决矛盾的方法是有的，而且就来自值得信赖的顾问这一概念。

想象你是某一专业服务机构的潜在客户，然后试想一种产品或服务，这种产品或服务复杂、昂贵、专精，并且耗费精力和情感，比如为你父母考察的养老机构的服务、你的第一份财务规划、新家装修时的供暖通风系统的设计与安装、你的遗嘱或为孩子设立的信托基金。

想象你正与试图给你推销这种产品或服务的销售员面对面。你紧张不安，你对这种产品或服务知道的内容远远不及对方，这种产品或服务价格不菲，而且其内容对你的生活至关重要。

现在想象当你第一次见到这位销售员时，他：

- 把你的最大利益放在心上。
- 努力试图理解你的诉求。
- 提供对你有用的建议。
- 看上去并不急于让你签合同。
- 配合你的时间表，而不是他的。
- 并非一定要做成这一单。
- 表现出完全透明和诚恳的态度。

从购买者的角度看，这岂不是一位完美的销售员？我们不正是愿意与这样的人打交道？

如果你的回答是"没错"，那其他人怎么会有不同的答案？如果大多数购买者都是如此认为，那么你也许应该对着镜子问问自己：这岂不正是我自己应该尝试做到的？

以上清单并不只是成功的销售员所应具备的特质，也是一把解决前面提到的"职业操守形象"与"卖力推销"之间的内在矛盾的钥匙，因为值得信赖的顾问应具备的特质与清单高度吻合。我们不必以"弃明投暗"为代价去拓展业务，我们只需要相信无论是服务客户还是推销产品，都应由同样的一套价值观和行动方针作为指引。

这样一种认知能够帮助专业顾问放下包袱。但为何我们中的大多数人并没有按此认知行动？原因多半是我们还没有真正接受几个与信任有关的重要概念。

营销的目标

让我们从目标这一层面开始。大多数营销的目标都是赢得订单。如果这听上去不足为奇，那是因为我们深深误解了问题的关键。如果你以值得信赖的顾问的眼光去看，那么营销的目标就不是赢得订单，而是帮助客户——与我们服务客户的目标一致。接受这一点，随后的事情也就顺理成章了。

如果营销的（终极）目标是帮助客户，那我们一定愿意：

- 避免因为急着"签单"而把自己的意志强加于客户。
- 始终对客户做到价格透明。
- 弱化结果导向，即把销售当作"副产品"而非首要任务。
- 在竞争对手更符合客户需求的情况下大方推荐。
- 把客户的反对看作有益的互动，而非要躲避的进攻或要战胜的挑战。
- 配合客户的采买流程，而不是要客户配合我们的销售系统。

- 投入额外的时间去开发潜在客户，而非急着判断他们会不会成为潜在客户。
- 对潜在客户采用长远的战略眼光，不急于求成，比如以季度为间隔判断进展，而非每周都要有所收获。

若你觉得以上这些看上去与常见的营销流程或手段相悖，那么恭喜你，你的感觉是对的。大多数营销手段注重短期效果，将里程碑和关键指标奉为圭臬，以效率为最高标准。这种方式也许适合某些领域，但在专业服务领域却行不通。

过去 20 年发生的数字化变革强化了结果导向。对零边际成本的鼓吹和各式各样的关键指标的盛行将营销推向了更为注重短期交易的方向。对那些相信营销要以信任为基础的人来说，好消息是客户极其渴望与善于构建信任的人打交道。你们的机会来了！

道尔顿的例子

道尔顿（Dalton）曾经是一家名不见经传的管理咨询公司，他们赢得新客户的流程十分出色。这家公司开创性地将工业领域的营销技巧运用到专业服务领域。他们挑战了专业服务领域的一种流行观点，那就是客户只希望由那些把服务推销给他们的专业顾问来提供这些服务。

道尔顿的营销服务流程包含四个环节，每一个环节都由不同的人员和部门负责。这种方式在数年间屡创佳绩，但是这一成功的方式也为它的最终覆灭埋下祸种。

道尔顿的独特之处在于，它分别为营销拓展、达成协议、问题诊断和项目交付四个环节培养专家。负责这些环节的业务部门在公司中各司其职，有各自不同的绩效和奖惩体系，在赢得和服务新客户时都能够表现出优秀的专业胜任能力。

项目交付部门毫无争议地将他们的工作定义为以满足并尽力超越客户期望为标准控制项目成本，交付成果，按时完成工作，使客户从增加收入或降低成本等方面受益。他们不把营销当作他们工作的一部分，因为那是另外三个部门的职责。

营销拓展部门毫无疑问地将他们的工作定义为识别和争取新客户。他们不认为联系老客户是他们分内的事情。实际上，如果他们这样做了，很可能惹得其他三个部门不高兴。同样的道理也适用于达成协议部门和问题诊断部门。达成协议部门的工作是服务营销拓展部门引荐的客户，而问题诊断部门接着开展对客户的诊断工作。

项目交付部门把他们的工作视为对已经明确定义的具体事项和预算的执行。他们把自己看作专业人士，以专业工作为荣。但是，他们对于专业精神的定义绝少包括寻求其他能够帮助客户进行改进的机会。

客户通常不会主动提出要扩大项目范围或开展后续合作。即使有这样的打算，他们通常也倾向于依靠项目交付部门的帮助，因为他们与这一部门的顾问并肩工作而最为熟识。但是，这个部门的顾问并不擅长营销，并且很有可能认为营销工作会使他们分心，妨碍他们完成最为首要的职责：按时在预算内完成交付任务。

这种业务运作模式带来的结果是，客户留存率始终处于低位，毛利率和利润率始终无法提高。但是，只要不断地赢得新客户，保持高增长率，倒也没有人十分在意潜在的危险。后来，对道尔顿主营业务的需求开始下滑，主要客户开始流失，这台高速运转的引擎终于失去动力，道尔顿积累的财富迅速消亡。

道尔顿的案例表明营销与服务的职能不一定必须集于某一人或某一部

门，还表明必须有某种机制将两者联系起来。这一案例不仅仅是错失对老客户持续营销机会的失败教训，更是一面关于如何将两种职能有机结合的镜子。

关键不在于不能设置专业部门来分别负责营销和服务。我们认为道尔顿在这一方面做出了十分重要的创新。这一案例的关键在于，我们必须找到一种方式，将两种不同的专业视角发现的机会相整合，即在不断寻求使用最卓越的方法满足客户已知需求的同时，不断寻求帮助客户进行改善的新机会。将这两种职能集于一身或一个部门，是达到整合目的的最显而易见的方法。但在一个越发碎片化和复杂化的世界中，做到这一点很难。

对营销与服务进行整合

虽然大多数专业顾问不会像道尔顿那般让营销与服务的职能如此泾渭分明，但是他们也不得不承认推销自己的服务和提供服务之间存在着巨大的差别。首先，我们让客户同意我们提议的工作（营销），接着，我们开始工作（服务）。还有比这更清楚的吗？

但是当我们试图进一步定义这两者的差别时，我们会觉得要将它们区分开来十分困难。我们如何营销？我们通过向客户展示（而非声称）我们可以胜任某项工作并且我们是他们可以信赖的合作伙伴来销售我们的服务。在本质上，这些皆是服务行为。

我们又是如何服务的？服务意味着出色地帮助客户满足他们的需求，出色到他们乐于与我们再度合作，甚至愿意向他们的朋友和商业伙伴推荐我们。这不正是营销吗？

事实是，仔细研究就会发现，对专业服务来说，营销和服务其实是交汇在一起的。它们是一枚硬币的两面，而这枚硬币代表着帮助客户这一共同目标。

注意到营销与服务的这种一体两面性，还可以解决一些拓展业务以外的问题，比如激励那些对营销持怀疑态度的专业顾问。多年来，大卫总会进行一种非正式的调研，试图记录有多少专业顾问喜欢并且享受为客户提供服务。基本上，对每个专业顾问来说，约四分之一的客户让自己喜欢与之共事，剩下的客户自己只是勉强可以忍受。

有如此高比例的客户需要专业顾问去"忍受"，这对管理者来说是个值得注意的现象。特别是，这种态度对拓展业务来说实则有害。这种要去忍受客户的态度，对营销的危害最大。很多机构尝试利用培训、鼓励、宣扬团队精神、激励等手段去纠正这一态度，但收效甚微。

若要提升营销效果，同时改变专业顾问对营销的态度，最有效的方式是赋予营销更重要的意义。许多专业顾问真的无法克服他们对于营销工作的漫不经心，甚至是负面看法，直到他们认识到营销是服务客户的一部分。这种将营销与服务客户这一更崇高的目标结合起来的做法，解决的绝不仅仅是营销的问题而已！

营销即服务

正如我们前面所说，多数专业顾问都不习惯大张旗鼓地推销自己的服务。他们更愿意相信他们高质量的工作是最好的广告，而客户对于他们所提供的服务的需求是显而易见的。因此，完全没有必要对显而易见的事情（营销）做过多说明。唉，可惜事实并不总是如此。

一种有益的做法是不把相关任务看作营销行为（"如何把我们能够提供的服务推销出去？"），而是看作争取被客户聘用的行为（"如何说服客户信任我？"）。这样我们所要做的工作就变得更加清晰了。

想象这样一个情景：你的公司连同其他三个竞争对手被要求通过远程视频会议参加竞标，竞争数目可观的一份合同或一次商业合作机会。客户在使用外部服务方面并非新手，十分愿意在竞标前给你（和你的竞争对手）充足的机会与他们的几位关键人物进行接触。但是，客户并不鼓励竞标者利用这个机会要小聪明。

客户明确告知，他们将从竞标公司中选择合作方，而最终的决定将主要根据竞标会上的陈述做出。每个竞标公司最多有 90 分钟的时间进行陈述。你应该如何利用这些时间？当然，你可以准备一份标准的竞标陈述演示稿，可以利用各种技巧来强化陈述效果。这些都是合理的对策。

但是，除此之外，你还有另外一种选择。立刻开始工作！把被分配到的时间当作项目开始的 90 分钟来对待。这种做法的逻辑非常简单：在专业服务领域，客户购买的"商品"不仅价格昂贵，而且无影无形、难以言喻。能够成功销售专业服务的竞标者常常是那些善于向客户展示一起合作时自己能带来的真实感受的公司。

这是因为大多数专业服务的购买者，即使是那些富有经验的购买者，都会对诸多项目风险产生警惕。这些风险包括财务风险、情感风险、时间风险，以及做出错误决定后面临窘境的风险、职业风险，等等。让客户体验到合作时的真实感受，通过这种方式降低这些风险的专业顾问将处于非常有利的位置。这也是在专业服务领域，与客户建立起关系的个人（或公司）具有优势的原因：客户可以通过上千种方法感受到"这个人懂我的意思，用我习惯的方式说话，知道什么对我重要，像我一样思考，欣赏我的长处，知道如何克服我的弱点——总而言之，我知道我能从他那里得到什么，因此比起一个陌生人，我更愿意与他开诚布公、通力合作并接受批评"。

因此，最好的营销技巧基于不是想着去推销，而是想着怎样开始提供服务。很多专业顾问在拓展业务时，嘴上讲服务精神，却很少立刻行动起来。（"一旦付款，你将享受到我们最优质的服务，我们向你保证。但是在那之前，抱歉，我们不能向你展示任何实质性的材料。"）

最糟的自欺欺人的方式就是认为自己在销售非常专业的知识，而这样的知识总量是有限的。这种先入为主的偏见使专业顾问竭力避免向客户表明立场，以规避风险。专业顾问相信，在客户付款前不应将核心产品或服务"泄露"给对方，这种想法和恐惧交织在一起，往往使为新的业务和客户关系付出的努力付之东流。

专业顾问在某种意义上是在提供信心、安全感和安心的保证。但是，没有人愿意掏钱购买空气，除非他们可以首先呼吸到它。没有收藏家愿意掏钱购买一幅看都没看到过的画作。如果有选择的话，客户更愿意尝试后再决定是否购买——产品或服务越是复杂、深奥、昂贵、风险高和私人化程度高，这一点越是准确。

服务即营销

我们都会同意，如果我们预见会有不祥的事情发生在客户身上，我们有专业义务向客户指出存在这种潜在危险。反过来讲，当我们看到绝好的改善机会时，我们也理应向客户指出。

我们是否应该承认，我们的客户在任何时刻都与完美相距甚远，因此他们在许多业务和管理方面都有大量的机会进行改善？如果是这样，我们是否应肩负自己的专业义务，尽其所能地持续为客户寻找这些改善机会？可是为什么我们很少真的这样去做？

作为专业顾问，我们必须为客户指出各种可能性。有些人管这叫作营销，就算是，我们认为这种做法首先也是为客户提供好的思路。优秀的营销须让客户体验到与你一起工作会有什么样的感受。这是一种服务。好的营销即好的服务，反之亦然。

我们刚刚描述的专业义务和很多人眼中的营销并无二致。毕竟，两者都要求识别出合理的改善机会，并引起客户的注意，使他们认识到采取相应行动的重要性和好处。

我们经常看到专业顾问对新的业务机会视而不见，但实际上，他们是对改善客户状况的机会视而不见。在我们眼中，这意味着他们在某种程度上表现得并不专业。要表现得更加专业，他们必须理解是什么阻碍了他们向客户指出机会所在。

营销与服务两者的真正联系在于它们的精神内涵。专业主义精神最主要的外显是，顾问时时刻刻将客户的最高利益放在心中。

营销与服务两者的最终目标应该都是为客户提供帮助。

从许多方面来说，在数字时代，顾问越来越难看到营销与服务之间这种天然的纽带关系。互联网出现前，要找到新客户，无论在范围上还是在规模上都面临一些显而易见的经济束缚。"千人成本"这一说法由来已久。但是互联网改变了这一局面。突然之间，找到一个新客户的边际成本在现实中几乎为零。

这种变化的影响是深远的，因为它绝不仅仅是打破了距离的限制。新的行业出现了，通过各种数字媒体对向目标客户传达的营销信息不断进行微调，广告技术这一新兴行业茁壮成长。

一方面，这让市场营销人员的梦想成真，他们现在终于能够实现"一对一"的营销了。另一方面，人们对内容的关注淡化了。这一点让人失望。营销人员只顾着用最新的手段识别目标客户的消费特征、制作小样，却忽略了互联网带给他们的真正巨大机会：针对个体实现内容的个性化。

　　这点在廉价消费品市场也许无关紧要。但是，如果你是专业服务机构的潜在客户，正在寻求优质的价值服务，那么当你听到"罐头式"的述标时，你的态度很可能会急速变化。这样的述标对你来说充其量像沿街的广告牌，甚至会让你觉得这种假模假式地表现出"以客户为中心"的姿态对你是一种羞辱。

　　关键不在于对自动推送消息加大投入力度或不断进行微调，而在于越过数字鸿沟在你的信息中注入一些人际关系纽带元素，比如一句简单的关心（"顺便提一句，我看到你在明尼阿波利斯市，上周的暴风雪怎么样啊，对你有没有造成影响？"或"我注意到你也认识约翰·多伊，两年前我跟他在一次投资大会上见过，你是怎么认识他的？"）。

　　我们怀疑很多人强调锁定目标客户却对个性化对待客户兴趣寡淡，不仅仅是由于懒得去做或只关注效率，更是由于对此有所抗拒，生怕用一些有关个人的公开信息去跟客户拉近关系会显得"用力过猛"。但事实上，现如今有大量我们以前无法获得的公开信息，处理得当、谨慎使用的话，这些公开信息完全可以帮助我们同目标客户建立人际关系。伊冯娜·瓦塞纳（Yvonne Wassenaar）是 Puppet⊖ 的首席执行官，她有 20 年的科技和专业服务机构管理经验。她这样说道：

　　　　我们认为，无论是机构层面还是个人层面，通过多种工具获取客户各种各样的公开信息非常重要：他们最关注的话题，他们的业余爱好，他们的家庭情况，以及关于他们生活的方方面面。当人们把这些信息放在公开的平台上时，收集这些信息就不应该被看作对个人隐私的侵犯，而应被看作获得能与他们产生更多有意义的互动的机会，这样才能最好地利用他们给予我们的时间。

　　⊖　知名信息技术自动化工具开发公司。——译者注

这在一个时间永远不够用的时代至关重要。

我至今仍记得一位来自 Workday[⊖]的销售代表同我第一次见面时的情景。他展现出对我所面临的当务之急和我所秉持的工作态度的一种真正的理解，尽管我们此前并没有见过面。这是一种让人印象深刻的自我介绍方式。很显然，他下足了功夫去做准备，读我写的博文、推特和发表过的文章，并基于此形成专属于我的交流方式。这种方式让我产生共鸣。假如他只是泛泛而谈，我可能根本不会在意这次会面。这是种很好的体验，我一点也不觉得他在侵犯我的隐私。归根结底，我们都是人，我们的生意是要与人打交道的。能够留意涉及人的因素，留意对方独一无二的特点，对成功的关系建立非常重要。

实际上可以说，在一段关系中，考虑到所有你可以做的和所有你可以收集到的关于对方的信息，第一印象在双方真正见面之前就已经产生了。

要增进关系，我发现最关键的是完全抛弃只为自己着想的做法。每个客户实际上都在琢磨："你对我（这个你想建立关系的人）到底有多了解？"这是根本的问题。若想建立一段牢固持久的关系，学会把视线从自己的利益转移到对方身上是最为关键的一环。[⊜]

瓦塞纳将数字时代的挑战说得入木三分。在数字化的商业社会，最重要的议题不是如何通过新技术削减成本或用数字技术代替人际交往，而是"在适用数字化交往的情景中，或在值得加强人际关系的领域，数字技术应该扮演什么样的角色"。

⊖　人力资源企业云应用程序的领先供应商。——译者注
⊜　Yvonne Wassenaar: Interview with Rob Galford, 2020.

| 第18章 |

通过现有合作关系建立信任

在《专业服务公司的管理》一书中，大卫指出了影响客户对服务价值的认可度的一些重要因素[⊖]。它们是：

1. 理解。

2. 掌控感。

3. 进步。

4. 沟通渠道和时间。

5. 响应能力。

6. 可靠度。

7. 赏识。

8. 重要感。

9. 尊重。

以上这些，做得好的话，可以增强客户对专业顾问的信任。需要注意的是，仅仅"做到"其中一点，比如尊重，是远远不够的——还应该通过行动

⊖ David H. Maister, *Managing the Professional Service Firm*, Free Press, 1993.

让客户体验到我们对他们的尊重。如何才能让客户体验到我们的尊重？举例来说，一个可行的办法是通过（定期地）向客户征求意见达到这个目的。

在项目进行过程中建立信任的其他技巧有以下几种。

1.通过以下方式增加客户对项目的参与度。

- 开展头脑风暴。
- 安排客户负责某些任务。
- 向客户提供不同的选项并请他们进行选择。
- 让客户知晓将要开展的工作及其相关时间和原因。

2.通过以下方式让报告和陈述材料更有效并且容易传阅。

- 让客户决定报告和材料的格式与呈现方式。
- 提供概要，方便客户无须修改就可以在内部传阅。
- 每一份报告和材料都请未参与项目的同事进行检查，确保易读性和易理解性再交付客户。
- 提供所有图表、数据和总结的电子版，方便客户内部使用。

3.通过以下方式帮助客户应用我们的交付成果。

- 向客户传授应对组织中其他人的方法。
- 通过分析和论证使客户理解我们的思路，并确保他们能够采取行动。
- 从策略和公司政治的角度为客户在组织中应用交付成果提供建议。
- 以客户无须修改便可在内部使用的方式编写进度总结报告。

4.通过以下方式使会议更有价值。

- 在会议前设定具体的会议议程和目标。

- 在会议开始前发送相关信息和报告，把会议时间用在讨论上，而非用在陈述报告上。
- 提前确认参会人员名单，并了解他们的背景。
- 为双方建立下一步的行动计划。
- 记录并总结所有的会议内容和重要的电话沟通内容，并在当天或隔天将简报发送给客户。
- 事后检查确认会议目标是否达成。

5. 通过以下方式让客户更容易在需要时找到我们。

- 如果知道不能赴约，提前通知对方。
- 让对方能够轻松地知道我们在哪里，什么时候回来。
- 确保我们的团队成员知晓所有客户的姓名和与维护客户关系相关的人员。
- 想办法让客户接受职位比我们低的员工，这样在我们没有空时他们可以代替我们出席。

这些技巧看上去微不足道，并且也不是所有场合都适用，但是，通过不断地采用这些技巧以及其他一些行动，我们可以向客户展示出我们正在试图使他们的工作更容易些，正在试图在工作内容和流程两方面都满足他们的需求。如果客户看到我们在预判并回应他们的需求上做出的尝试和努力，我们将会保持并且很可能增加客户对我们已有的信任。

在项目进行过程中建立信任

服务客户不仅仅意味着去到客户那儿，完成工作，然后带着一份你期待客户交口称赞的"精彩作品"回到办公室。实际上,我们必须让客户了解最新的情况,持续向他们提出问题,从而让他们知道我们正在认真工作,并且把他们的投入用看得到的方式体现在工作成果中。这可以显示我们仍在(并且一直会)倾听他们的意见。

建立信任不意味着向客户夸口事情轻而易举或向客户隐瞒困难。建立信任意味着让他们知道项目中最棘手、最复杂的部分(不是抱怨,而是询问他们这些挑战是否与他们的印象相吻合)。

我们必须确保认清每一个特定任务在客户全局中的地位,认清它们将如何影响客户完成更高的战略层面的计划,并且让客户知道我们已经将自己手上的任务更多地与客户战略层面的计划相联系。这既是界定问题的一部分,也能增加我们的可信度,同时能使我们通过与客户更高的战略层面建立联系而为他们未来的愿景进行更加具体的构想。

不时停下手上的工作,确保我们持续与客户保持沟通,甚至可以仅仅以个人名义跟他们打声招呼,询问他们正在忙什么,有什么担忧,还有什么需要帮忙。这种行为可以表现出我们对他们的关心,宁愿放下手头的紧迫工作而把注意力集中到他们身上。这样的做法将制造出顾问与客户的亲近感。

我们还要询问客户,组织中的哪些人或部门在完成既定目标的过程中会难以对付,并试着在我们的工作成果中,或在将工作成果展示给客户的过程中,提供一些能够起到"清除路障"作用的内容。通过提前考虑并参与到客户在其组织内部实际执行我们的建议的过程中,我们能展现"我们一起"而非"我们自己"的姿态,并且能帮助客户构想出不同以往的愿景。

我们应该记住客户行政人员和秘书的名字,记得越早越好,越牢越好,越全面越好。这样的努力会让人刮目相看,而且还可能因此在今后的工作中得到他们的帮助。这同时恰恰是一种体现关心的行为。更进一步，这种做法也会使我们更加熟悉和了解客户的组织。

我们应该经常读一读以往的会议记录，寻找那些曾经被提起但仍没有得到解决的问题。然后，我们可以跟客户讨论这些问题。即便最终没有什么结果，这样做也会显示我们认真地倾听了他们的描述，并且愿意帮他们重新面对这些问题。

我们应该不时地将现有项目以外的热点问题带入与客户的沟通。我们不应该自行判断哪些内容对客户是有用的，而应该让客户也参与这一判断。即使只有些许的联系，我们也应该提请客户注意。无论如何，我们都会学到一些东西。这也是展现"我们一起"而非"我们自己"的姿态的做法，能显示出我们时刻把他们的利益放在心上，并且愿意偶尔为他们冒一点风险提出可能相关的话题。

当不确定时，我们应该坚持与客户共享信息。我们与客户的沟通宁可过多也不要过少，宁可过早也不要过晚。当然，某些情况需要酌情考虑，但并非所有情况都是如此。信息共享是尊重客户的表现，使客户参与到决策中来，能提高决策的相关性，同时能展示我们没有任何事情向他们隐瞒，从而提高可靠度。

我们应该想方设法对客户做出一些小承诺，然后完成它们。比如，"我会在下午 5 点前把报告发给你""我中午打你电话""我会保证吉米也拿到一份资料""我读到过一份关于这个问题的白皮书，我稍后发给你"。就像我们之前论证过的，可靠度不是靠熬时间积累起来的，而是靠客户积累的体验。信任亦是如此。

我们必须做好准备应对客户随时变化的想法。毫无疑问，在开始工作到最终完成的这段时间里，事态将会发生改变，因为客户的情况在持续发展变化。我们应该预判到客户的目标和想法会随时改变这一事实。

如果不提前预判客户会改变关于项目中某些组成部分的想法，我们很可能会在这样的变化发生时与他们产生分歧。我们为客户工作，这一点在项目中是前后一致的，但在一开始时对客户来说合适的目标，也许到项目行将结束时变得完全不适用。

在最初与客户会面后，我们将与客户经历一个短暂的蜜月期。此时，客户因为终于找到能干的人帮自己解决问题而松了口气。随后，这种放松的感觉有可能会迅速转变成怀疑，这很正常，因为客户可能会对顾问是否将全部精力投入到解决他们的问题中产生怀疑，也不知道顾问所使用的方法是否会奏效。

信任建立在尊重之上，而由于尊重部分源自亲眼看到另一方的表现，设法快速交付少量的初步成果就成为证明我们正在付出努力的必要方式。我们必须让客户看到一些成果，并且越快越好。

但是有些时候，项目的性质决定了很难在很短的时间内见到初步成果。在这种情况下，即使只是编写一份进度报告也可以确保我们的可信度。无论是向客户发送一份简报还是周末发送电子邮件给客户，我们需要找到不同的方式展示给客户，我们正在竭尽所能为客户而努力工作。

除了上面这些，还有其他一些想法。

1. 我们必须始终让客户知道我们的进度。我们不应该打算等到项目最后用让人眼花缭乱的项目成果报告书让客户吃上一惊。这样做的结果是，我们的项目成果报告书也许压根儿就没有我们想得那么精妙。而且，即使我们提出的结论可能出乎客户的意料，我们也不应该试图使用戏剧化的方式去呈现我们的工作成果。没有什么比面对因为对我们的工作结果（即使是好的结果）感到吃惊而气愤的客户更糟糕的了，尤其当这些结果是在半公开的场合或会议中才被第一次公布的时候。当我们无法履行与客户的约定时（无法如期完成，超出预算，交付成果未及我们的承诺），我们努力与客户建立的信任将受到影响。更糟的是，如果我们暗示客户也许交付期限、预算或承诺的成果从一开始就有些不切实际，那我们就完全是在摧毁自己的可信度。

> 对于交付期限和预算，我们必须谨慎地对待我们所做的承诺。能够赢得客户信任的顾问明白，为了留下好印象而承诺超过自己能力的事情只会使自己惹上麻烦。客户往往会忘记那些我们兑现的承诺，对那些我们没能兑现的承诺却会耿耿于怀。你也应该避免来自"低水平承诺，高水平交付"的诱惑，因为这种做法其实是某种形式的欺骗。做到你所承诺的事情总体上会给你带来更多好处。

2. 我们必须始终讲真话，而非我们以为的客户想要听的话。客户关系中最大的危险之一就是只拣客户想要听的话说，而隐瞒关乎他们利益的实情。当顾问拒绝承担责任时，哪怕是无心之举，也会让客户感到挫败和失望。"这不是我的错"或"那不是我的本意"，这样的说辞对客户来说只不过是蹩脚的辩解。他们把它们看作对责任的推诿，对指责的逃避，以及对信任关系的背叛。

3. 我们应该热爱我们的工作。要让客户看到我们的热情。冷静很好，但是充满激情更棒。

4. 我们应该始终确保我们不是单纯从技术角度出发给出答案，并且要始终记得问自己：我们的工作对客户个人会产生怎样的影响？比如，对他的财务状况会产生怎样的影响？对他的工作、职责或是职业生涯会产生怎样的影响？我们需要不断地意识到接下来对客户而言会发生什么。客户需要如何根据我们的工作成果来开展工作？就算我们不参与接下来的工作，也要为他们（免费）确立后续计划。他们也许会因此向我们寻求帮助。实际上，这种可能性非常大。

5. 不要急于寻求后续项目。热切的期望是好的，但过于激进并不可取。

以下是在项目进行过程中最容易摧毁信任关系的 5 种行为。

1. 泄露个人机密信息。透露秘密给别人以显示自己多么"消息灵通"绝对不是明智之举。我们都希望被看作值得信赖的人。被划定在知情范围内是被他人信任的体现。但是，我们也要因此付出代价。人们会原谅消息不那么灵通的人，却不会轻易原谅滥用手中信息的人，尤其当这个人是"外来者"时更是如此。

2. 对客户对你工作的某些方面持有的疑问、不确定和不满视而不见。很多年前，有一次，查理和罗伯特与来自一家投资银行的客户合作一个时间紧张但是规模不大的项目。在那段时间，查理、罗伯特和他们的客户的日程都排得满满当当。

客户对他们交付的最终结果并不满意。客户的不满不是针对内容，而是针对报告所采取的形式。查理和罗伯特认为此人急躁且蛮横，很可能因此没有看到问题的本质。于是他们向客户指出，报告的内容本身没有问题，只不过是形式出了问题。客户可不这么想。他认为查理和罗伯特这样轻描淡写的辩解不具有任何说服力，坚持认为如果他不接受报告的形式，也不会接受报告的内容。不用说，这段合作关系并没有进一步发展下去。

3. 绕过客户（或瞒着客户）去做事情。即便这些事情极为重要，这样做也完全不值得。人们总是会在事后知道发生了什么。没有什么秘密可以一直保持下去。

4. 自恃才高，持有"我也许会犯错，但从来不怀疑自己"的高傲态度。人们痛恨这种态度，即使这样的人跟客户组织的高层熟识，这样的举止也会让他们在客户组织中迅速被孤立。罗伯特还记得一位年轻的税政律师，对自己深信不疑正是他的行事风格。这位年轻人让很多极有可能成功的客户关系葬送在自己手里。看到他这些年的遭遇，真是让人唏嘘不已。

　　5. 错过对客户至关重要的交付期限。即便是人为设置的，就算是客户拍脑袋决定的期限，它仍然是客户所要求的期限，除非客户明确表示并非如此。如果交付期限不合情理，最好向客户要求延期，或者与客户协商。如果交付仍然面临延迟，最好提前告知客户，而不应该在没有任何预警的前提下延期交付。面对愤怒但被提前告知的客户，顾问只有一件事需要担心，而面对愤怒且未被提前告知的客户，顾问需要担心的事情要多得多！

| 第 19 章 |

在合作关系之外持续赢得信任

不仅在现有项目中可以建立信任关系，在与现有项目之外也有很多机会建立信任关系。

为了帮助专业服务机构设计和应用关系管理系统，大卫对它们所服务的客户进行了大量访谈，所涉及的访谈对象遍及多个国家的多个行业。通过这些访谈，大卫得以了解这些专业服务的使用者对他们与专业服务机构之间的关系持有怎样的看法。

这些访谈对象给出的反馈有很多相似之处，他们对专业服务机构较为常见的看法有：

- 它们只想把服务卖给我们，而不关心我们的问题是否得到解决。
- 它们没有采取过任何行动让我们觉得我们对它们是重要的。
- 它们把我们的付费当作理所应当。它们从来没有打来电话询问我们的生意怎么样。只有当它们想推销点什么给我们的时候我们才能见到它们的人。

- 没有什么迹象表明它们的人在认真倾听。他们总是泛泛而谈，提到的净是所有公司都会面临的问题。我们希望听到他们谈论我们的公司所面对的机遇和挑战。
- 我们不需要它们的"热情款待"。我们已经有足够多的机会出席隆重的晚宴或得到热门体育赛事的门票。它们应该把精力放在帮助我们的公司上，而不是试图成为我们的"朋友"。

从这份清单我们可以得出几个关键结论。很显然，客户希望专业服务机构不停"争取"与他们继续合作的机会，而不是把合作关系看作理所当然。同样显而易见的是，他们不希望"被推销"。恰恰相反，他们希望看到顾问倾注自己的时间（有时是无偿的）与他们建立关系。这一点并不总是得到顾问的重视。许多顾问制订的是客户"营销"计划，而非客户"关系"计划。这中间的差别，客户一眼就能看清。

客户想要什么

客户希望顾问通过哪些方式去培养双方的关系？下面这份清单列出了客户的一些建议。

1. 为我们的公司真正带来改变，而不只是让我们看到你们出现在我们面前。

2. 多做一些探索性的工作（投入时间为我们在新的领域做些初步工作）。

3. 多花些时间帮助我们思考，帮助我们制定战略。

4. 引导我们的思路，告诉我们未来 5 年或 10 年我们的公司将呈现什么样的面貌。

5. 对任何关于我们的新动向都了如指掌，始终与我们保持同步。使用我们的数据做出更深层次的分析。主动向我们索取你们所需要的信息，而不是被动地等着我们向你们提供。

6. 安排一些办公室之外的会面，与我们一起就我们的业务开展头脑风暴。

7. 为理解我们的公司如何运营多付出一点努力，旁听我们的会议。

8. 帮助我们跟其他公司进行比较，包括我们的同行和行业外的标杆公司。

9. 让我们知道我们的竞争对手在做些什么，以及背后的驱动因素。

10. 与我们讨论我们应该去做的事情。我们欢迎各种想法！

这里的许多建议所具有的共同特点是，客户希望顾问付出更多、更认真的努力来更深层地了解客户的业务和行业，并且主动地提出改善建议。有些工作可以在专业服务机构内部完成，如书面调查、标杆分析等。但是，更多的工作需要顾问（无偿地）与客户进行更多的接触。值得注意的是，客户希望更多地接触，但是他们希望这种接触建立在双方对问题的讨论和探索之上。

同样明显的是，客户想要顾问成为他们的业务合作伙伴，而非逢场作戏的"朋友"。好消息是，客户的确希望顾问为他们带来新的想法，而且他们同样重视并需要与顾问发展关系。

保持联系

客户的意见清清楚楚，他们希望与我们保持联系。这与很多顾问的直觉相反（比如第 15 章提到的我们的朋友丽贝卡）。很多顾问仍然认为如果没有项目在做，无缘无故地打电话给客户，会让对方感到不舒服、被打扰。

事实上，只在有求于人时才联系对方，这种行为对信任的杀伤力比任何行为都要严重。优秀的、值得信赖的顾问与他们的客户定期保持联系，哪怕眼下没有任何正在进行的合作。

要在项目结束后仍然保持信任值，我们必须认识到，只要我们不断地联系对方，双方的关系就会永远保持下去。我们的工作所产生的影响在项目结束后仍然会持续很长时间，而且往往是以我们想象不到的方式在发挥作用。重新建立关系永远不会为时过晚，也许相隔时间越久，重新建立关系就越困难，但是永远不会太晚。

在机构层面建立关系

拥有大规模客户的大型专业服务机构常常希望与客户建立机构层面的关系。正如我们之前提到的，信任存在于个人与个人之间，而非机构与机构之间。但是这并不意味着在机构层面建立关系就完全不可能实现。如果一家专业服务机构希望与一家重要客户建立机构层面的信任关系，需要做的远远不止安排机构的一位客户关系经理重点关注客户的少数几个关键决策人那么简单。

与重要客户建立良好的关系要求大量提供服务或与客户打交道的个人共同参与。每一个向客户提供服务的个人都有能力影响这种关系，也确确实实在发挥着作用。专业服务机构必须建立起与客户多点接触的机制，同时所有客户关系的参与者必须保证服务标准和专注度的一致性。如果每个人都按照不同的方式行事，对机构层面的关系建立没有任何好处。一个专业服务机构的口碑得以建立，取决于使客户相信他们当中的每一个人都会按照相同的标准履行自己的职责，这至关重要。

很显然，客户希望专业服务提供方认识到自己的具体需求和机遇，并按照具体的情况提出有关增值服务的建议。客户关系经理常常无法及时了解客户面临的新问题，这就要求专业服务机构的每个成员通力合作。

在很多时候，首席执行官和总部高管层人士往往是最后对组织中新出现的问题有所耳闻的人。初级主管和基层管理者则往往对正在发酵的问题最为了解，也最愿意公开谈论这些问题。专业服务机构的初级员工与这一群体接触最为频繁，因此常常是最先发现客户新需求的人。

许多专业服务机构都任命客户关系经理来全面负责重要客户的关系维护工作。他们负责管理和培养与重要客户的关系，协调各个部门乃至跨地域的专业顾问的合作。

为了发挥作用，客户关系经理需要把自己看作客户的代表（甚至是拥护者），确保专业服务机构的所有资源都用来解决自己所代表的客户的难题。这样做的逻辑很清楚：如果确保客户的需求得到满足，那么专业服务机构将因此受益。

客户关系经理最为有效的工作方式是将注意力集中到那些从长远来看可以巩固关系的议题上。当客户关系经理把自己定位为营销人员，把主要精力放在从客户那里赢得更多收入时，就不太容易赢得客户的接受，自己作为客户关系经理的工作效果便会受到影响。

许多客户关系经理将他们的工作任务解读成凭借个人能力与客户组织的高管"建立"相互信任的关系。这种解读通常是错误的。客户关系经理最重要的任务是对关系进行"管理"，而非独自一人去"建立"关系。客户关系经理必须积极地创造机会让专业服务机构的其他成员与客户组织的高管进行会面，好让他们之间建立起新的信任关系。

为了做到这一点，客户关系经理可以通过为客户举办免费的内部研讨会（如有专业主题分享的工作午餐会），让团队的新成员有机会在一个压力较小（即不涉及营销）的环境中向客户展示他们的专业水平。另外一种方式是，安排其他服务部门的同事无偿参加客户的内部会议。这种方式既是对现有关系进行投资，也是为形成新的关系打开大门。

客户关系经理的另一个任务，是使服务同一客户的不同专业团队形成融洽的团队氛围。这意味着付出大量时间对各团队成员进行指导。

客户关系经理要能够激发团队成员的主动性，让他们积极参与到对客户关系的维护和培养中。要做到这一点，客户关系经理需要提供给他们在平时的工作中无法寻得的东西，比如充满挑战的工作和意义更为深远的任务。实际上，服务重要客户确实比服务其他类型的客户更富有挑战，也更加紧张刺激。

但是，不应该想当然地认为顾问会立刻看到服务重要客户的意义和挑战。顾问的工作非常忙碌，他们容易忽视眼前工作的重要性。优秀的客户关系经理会帮助团队成员找到客户所面对的难题中刺激、富有挑战性和戏剧性的因素。

有经验的客户关系经理会努力使团队成员得到客户的赏识。他们会创造机会让团队成员参与曝光度高的重要活动或任务，为他们的职业发展助力。他们愿意无私地给予团队成员重要的客户见面机会，让他们可以开始建立与客户的信任关系，帮助他们参与一些他们平时不常接触的、富有挑战的活动。

与人合作最好的方式就是向别人提供帮助，正因为如此，优秀的客户关系经理在向团队寻求支援前会先努力为团队提供服务。他们秉持着"我为人人，人人为我"的信念。毫无疑问，这样的团队会更好地服务客户。

卓越的客户关系经理总是在考虑如何让团队更容易地服务客户。他们用非常易于消化的方式为团队提供各种工具、研究报告以及行业和客户信息。他们安排专人阅读、总结并传阅所有的行业杂志、同业协会期刊以及客户所处行业的财务分析报告，好让所有团队成员了解客户所处环境的最新动态。

想在项目过后仍能维护良好的客户关系，最重要的一点是要明白这是全员参与的"投资活动"。必须设置足够的无偿预算，同时要推动用长期的、发展的眼光对待客户关系的管理机制，而非采用传统专业服务机构只注重眼前的投资回报的做法。

好消息是，关系管理关乎每个人的利益。客户需要它，专业服务机构也需要它。关系的培养可以带来新的收益。做得好的话，它也可为参与其中的专业顾问提供提升职业发展的机会。在多个行业进行的研究已经证明，收益和客户关系的培养间存在着显著的联系。这个任务非常艰巨，但是可以带来十分明显的经济效益。

知识产权

在现有项目结束之后持续保持信任关系时，专业顾问经常遇到这样一个问题：是否应该跟客户分享一些具有价值的知识内容？一方面，因为项目已结束，曾经服务的客户可能不再受保密协议限制。另一方面，当客户不再是现有客户时，专业顾问倾向于用对待潜在客户的坏习惯去对待他们，即对分享所有有潜在价值的知识内容有所保留。

你是应该提前分享有价值的内容（比如在与潜在客户前期接触的电子邮件中提及或放到公司网站上）还是应该等拿到生意后才透露详细内容？这个问题在互联网时代来临之前就存在了，但数字化放大了这个问题。

在数字时代到来之前，专业服务机构可以说它们的知识内容或绝妙的主意太复杂了，只能通过面对面的讨论才能解释清楚。如今，把这样的讨论转移到线上不存在任何技术障碍——要不要保留一定程度的知识很显然是一个现实的问题。

不仅如此，潜在客户现在也能通过互联网上各种各样的渠道打探到专业服务机构的"秘方"。如果你刻意有所保留的知识并非什么秘密或了无新意，你却以此为借口约潜在客户会面，那这种做法很可能会适得其反，甚至让潜在客户讨厌你。

永远有解决不完的问题。如果因为要保留一些筹码而去暗示潜在客户你在前期所能提供的帮助有限，那么你会显得业务能力不强。我们的建议是：最好将那些找得到的知识内容毫无保留地呈现给潜在客户，并摆明自己的观点。这会让你显得自信——无论面对什么问题，你都有富有建设性的想法可以给对方。

| 第 20 章 |

交叉销售

交叉销售的定义是向现有客户进行销售，因此它必然涉及来自现有客户的新成员，以及来自专业服务机构不同服务领域的新同事。可见，交叉销售的核心在于新关系的建立。

由于交叉销售始于顾问对现有客户的服务，乍一看它应该是促进关系的最好方式，但是在现实当中（以及下面将会看到的），交叉销售的过程实际上仍旧是彼此陌生的人试图相互了解的过程，而且双方身上更是背负着既有关系的预期所带来的压力和负担。交叉销售既关乎陌生人之间的互动，也关乎现有客户关系。但是，关键的销售决策却必须在相互了解的双方之间进行。这也是为什么交叉销售实际上是很困难的，它的实现并非看上去的那么理所应当。这一点对买卖双方而言皆是如此。

信任建立在人与人之间，而非机构与机构之间，而且信任不太容易在不同人之间易手。一名顾问不是不可以帮助同事赢得客户对他的信任，但这绝非易事。顾问与客户间的信任程度越深，客户越容易相信顾问引荐的同事值得信任。但这还远远不够。

交叉销售很像第一次拜见未来的岳父岳母（或公公婆婆）：他们很可能会喜欢你，但是你最好不要把这当作想当然的事情。因为其中不止牵扯一层关系！

在看待交叉销售时，有些人认为，机构层面上建立的关系会传递信任。事实并非如此。信任是极其个人的，当这种想当然地认为信任在机构层面存在可传递性的期望遭遇现实中陌生人之间的会面的尴尬时，所有人都会感到窘迫和不适。

交叉销售的类型

有人曾经用一个模型将新老客户和新老产品联系起来。我们可以化用这个模型来说明几种典型的交叉销售类型，如图 20-1 所示。

图 20-1　三种交叉销售类型

交叉销售的类型 1 试图将新业务介绍给现有客户。专业服务机构中新领域的专家是这一关系中新的参与者。让我们把这一类型叫作"拓展型"交叉销售。

交叉销售的类型 2 是将现有业务介绍给现有客户组织中的另一成员（比如来自现有客户组织不同区域或不同部门的成员）。客户一方的新成员是这一关系中新的参与者。我们管这种类型叫作"扩展型"交叉销售。

交叉销售的类型 3 涉及两个新的参与者，顾问和客户双方各有一人。专业服务机构试图将新业务介绍给客户组织中的不同成员。这是所谓的"多元型"交叉销售。

在开始进一步分析以上这些类型的交叉销售之前，让我们回顾一下第 8 章中的信任等式，我们用它来衡量不同情况下的信任值。

根据我们的设定，新客户与现有客户的信任值分别为 1.25 和 5。

方便起见，让我们一步步分析，先从类型 1 开始讨论。

类型 1：拓展型

假设艾米（现任顾问）计划向她现在的客户库尔特介绍一个新业务，这将需要她的同事芭芭拉的参与。让我们看看交叉销售中的各方会怎么想。

艾米：我知道这个新业务会对库尔特有所帮助，我要做的只是把芭芭拉介绍给他，芭芭拉可是这一领域的专家。

库尔特：艾米的公司在目前他们所承接的业务领域的确非常在行，但是我不确定在这个新业务的领域他们是否也是如此在行。况且，我对芭芭拉这个人没有任何了解。

艾米作为当前提供服务的负责人，与库尔特进行了下面这一我们称为"传递名片"的对话。

库尔特，你跟我都很清楚我们遇到了新的问题。这个问题关系重大。我知道你跟阿尔特联合公司商讨过，希望他们来帮助你解决这个问题。

不瞒你说，我们公司在这一领域也有非常丰富的经验，相信你对此也有所了解。我知道你没有找我们帮你解决这个问题一定有你的理由。但是这个问题事关重大，我想我不能在这件事上默不作声。

我的一位同事，芭芭拉，在这一领域十分出色，我想她正是你需要的人。我觉得你应该跟她谈谈。我已经跟她介绍了你所面临的情况，她已经有了一些好的建议。这是她的名片。你是希望我让她联系你，还是你想在方便的时候联系她？无论哪种方式我都可以提供帮助。

如果你是库尔特，你会做何感想？你十有八九会觉得被置于一种不太舒服的境地：你被无端要求做出选择，你可能会觉得你的一部分自由被剥夺了。

成功营销的标准是信任感在营销过程中得到不断提升。可在上面的例子中，双方的信任值是受到损害的。库尔特会感到艾米正在请求他的帮助（她的确是），而且没有给他任何回报。

表 20-1 显示了这一情景中的信任值。同现有客户的信任值（5）相比，这是一个巨大的下滑。实际上，1.125 这一数值比建立新的客户关系的信任值还要低！（跟之前一样，如果你对各个数值的设定不认同，请使用你认为合理的数值。）

表 20-1　"传递名片"情景中艾米的信任值分析

信任要素	评价
可信度：4	艾米在新领域的可信度较低，芭芭拉的可信全部来自艾米，而客户可能认为艾米动机不纯
可靠度：2	无论是在新业务领域还是与芭芭拉本人，都缺乏合作经验，艾米没有任何计划来增加合作机会

（续）

信任要素	评价
亲近感：3	艾米凭借自己的假设将议题扩大到对竞争对手的评价、芭芭拉的实际水平以及新业务领域，但是这些都由艾米一人完成，没有库尔特的参与
自我导向：8	艾米的言语全部集中在自己和她的公司，缺乏对客户的视角和问题的关注
综合信任值：1.125	（4+2+3）/8=1.125

你会对库尔特的局促不安感到意外吗？那个与他建立起高度信任的人，现在竟让他感觉像在被推销一辆二手车。这是多么不公平！库尔特甚至没有任何体面的退路。他很可能不理会艾米的推荐，而艾米永远不会知道其中的原因。

情况其实还要复杂，因为艾米和库尔特的关系并不是这一局面中唯一涉及的关系。艾米必须联合芭芭拉，说服她参与其中。我们管这种情况叫"专业服务机构内部销售"。

考虑一下其中的障碍。首先，芭芭拉回应别人的客户对她服务的需求远比让别人回应她自己的客户所得到的（正式的或非正式的）功劳要少。在很多专业服务机构中，这种情况比比皆是。因此，艾米需要下功夫吸引芭芭拉的注意力。

其次，芭芭拉的时间也很宝贵。她对艾米许诺给客户的时间投入是否有控制权？她是否正走进吞噬她宝贵时间的无底洞？

再次，谁能保证会面不会变得十分尴尬？比如，艾米错误地判断了客户面临的问题，对工作成果许诺过多，而对成本估计不足，报价过低。有无数种可能让艾米在项目还没有开始就为其投下了"毒药"。

最后，所有这些都发生在艾米和芭芭拉作为同事的工作环境中。她们或许有着不错的私人关系，但是她们今后要以团队的模式开展工作。这会限制她们能够使用的语言，也会无法使她们公开计较其中的个人得失。

艾米必须在三个方面上取得芭芭拉的信任：①客户所面临的商业难题成立并且十分重要；②她将芭芭拉的利益放在与自己的利益同等重要的水平上；③芭芭拉不会被置于任何不利的境地。

艾米在这种情况下最好的也是唯一的方法是在把芭芭拉引荐给客户前，多花一些时间向她介绍客户的情况（所花的时间要比通常的情况稍多一些，多到足以表现出艾米做出了足够的牺牲）。这种方法可以给芭芭拉提供尽可能多的信息，使她能够在知情的情况下做出判断，判断客户所面临的问题是否成立，她又能否帮上忙。这能够增加艾米的可信度。

多花一些时间同样代表艾米不计较短期的个人利益。她愿意放弃自己的时间，并将自己客户的一些关键信息分享给芭芭拉。这种时间上的投入将增进双方的亲近感。

这一最基本的（本也应是最简单的）交叉销售类型并非不能实现，但是必须经过细心设计的信任建立过程。不这样做，这样的交叉销售将是艰难的，甚至是不可能完成的。

类型 2：扩展型

这一回，艾米希望说服客户的一位新主管，唐纳德，购买与库尔特所接受的相同的服务。他们各自会怎么想？

> 艾米：如果库尔特可以把我介绍给唐纳德的话，我相信我们可以为他提供出色的服务。
>
> 库尔特：我可不想参与到艾米与唐纳德的合作当中。

下面是艾米在我们称为"我只需要你帮我引荐一下"的对话中所做的尝试。

库尔特，我们都知道，我们现在为你提供的服务在唐纳德的部门同样能够派上用场。我们在这里的工作很快就能完成，我想你也认为我们的合作非常愉快且富有成效。所以，我觉得现在是个好时机把我们的合作介绍给唐纳德。

我很感谢你对我们的支持和帮助，相信你也很满意工作的成果。基于此，不知你能否介绍唐纳德给我们认识。他会听你的。我们不需要很隆重的介绍，不需要正式的陈述报告，只需要你为我们做一次介绍、一次引荐，剩下的就交给我们吧。你希望下一步怎么做，请尽管说。

又一次，艾米在支取与客户之间的信任"余额"，而非增加信任"储蓄"。库尔特被请求在他的同事面前为另一个人说好话，同时要冒着错误估计同事需求的风险。库尔特要冒很大的风险，却得不到任何明显的好处。他很可能会因此感到被别人利用。让我们用信任等式来分析艾米的表现，如表 20-2 所示。

表 20-2　"我只需要你帮我引荐一下"情景中艾米的信任值分析

信任要素	评价
可信度：6	就艾米所提供的服务来说，可信度较高，但是就艾米对唐纳德的业务理解来说，可信度较低
可靠度：4	与库尔特有合作经验，但是与唐纳德缺乏合作经验，同时艾米缺乏获取这种经验的计划
亲近感：2	艾米希望通过库尔特将自己对唐纳德的业务理解和自己的业务水平的认可传递给唐纳德，这样做，艾米自己没有承担任何风险，而库尔特承担了全部风险
自我导向：8	焦点全部集中在艾米自己和她的公司，没有任何证据表明艾米研究了唐纳德的实际利益需要
综合信任值：1.5	（6+4+2）/8=1.5

在此情景中，艾米的信任值比类型 1 要高，但是仍然低于起初的数

值。两个数值都十分接近面对完全陌生的客户时所能期望的信任值。同样地，我们必须考虑这种情况下涉及的另一层关系，即库尔特（现有客户）和唐纳德（潜在客户）之间的关系。

我们很容易假定营销是专业顾问的责任。但是，这一类型的交叉销售牵扯一位全新的客户。在这种情况下，现有客户必须成为营销团队的一分子。为什么？因为他显然是最为客观的，也是最有可能与潜在客户在利益方面达成一致的人。没有理由不让他成为营销团队的一员，将他排除在外实在不是明智之举。若在顾问的营销团队中没有他，这本身就会传递出负面信息。

那么，我们如何才能让现有客户愿意帮助我们推销，而不是迫使他们就范呢？事实上，这不一定很困难。诀窍在于诚恳地与之分享这样的合作为双方都能带来什么好处。

为了使客户同意帮助我们积极地向组织中的另一位成员推销，必须解决一些关键问题。最重要的是回答客户"对我有什么好处？"这个问题。

从理性的角度回答这个问题并不难。要库尔特愿意帮助向唐纳德推销的原因可以是以下的任意一个。

- 此前积累的对客户的了解大大增强了专业服务机构的专业内容水平，有助于新项目的成功。
- 如果在为唐纳德工作时有出色的表现，库尔特也会脸上有光。
- 在与唐纳德合作时遇到的涉及库尔特的问题可以在此前知识和关系的基础上得到解决。
- 同库尔特和唐纳德共同合作可能会产生规模效益。
- 共同合作可以在客户的体制内创造出改善关系、增加了解、促进共识的机会。

- 从唐纳德的工作中总结的经验也许会为库尔特的工作带来新的见解。

这些原因对于说服客户帮助我们开展销售是合情合理的，而且蕴含很多实际的好处。但客户是否买账则更多取决于我们如何传递这些信息，而非信息本身。

实际上，语言背后的信念比语言本身重要得多。专业顾问必须相信，他所提出的交叉销售机会指向客户组织的最大利益，而且必须相信，不去试图帮助客户解决其他的问题是不专业的表现。此外，专业顾问必须认识到，现有客户的帮助对于保证客户组织取得显著利益是必不可少的。

除非如此，否则专业顾问就不应该企图利用现有客户的帮助完成交叉销售。如果连自己都不相信，又如何指望客户相信？如果专业顾问自己能够首先相信这些，他们所说的话也会自然而然地流露出这种自信。要做到这一点，秘诀在于真诚地聚焦于客户的利益，并能开诚布公地与客户沟通。如果能够这样去传递信息，客户便更有可能愿意帮助我们向他们的同事推销，或者至少会向我们解释为什么他们不觉得这是一个好主意。

类型3：多元型

最后，我们来看一看艾米向新客户唐纳德推荐新业务的时候会发生什么，其中每个人是怎么想的。

艾米：如果库尔特可以介绍唐纳德和芭芭拉认识的话，我相信我们的服务可以帮上唐纳德的忙。

芭芭拉：我们可能是在白费力气。艾米又不认识这位潜在客户。如果通过艾米接触客户并不比靠我自己来得容易，我们为什么要绕这个圈子？

库尔特：我可不想夹在艾米与唐纳德之间，更不要说还有芭芭拉的参与。

唐纳德：库尔特想让我去见一个连他都不认识的人？不是在开玩笑吧！

你可以自己试着计算一下这种情况下的信任值，它肯定要比前两种情况低得多。

如果成功，客户关系将会在芭芭拉和唐纳德之间建立。

但是，考虑一下同时涉及的其他关系：

1. 艾米和库尔特。

2. 艾米和芭芭拉。

3. 库尔特和芭芭拉。

4. 库尔特和唐纳德。

这种错综复杂的关系会带来两个关键问题：如何确定销售行为发生的顺序？如何处理此期间出现的各种复杂的感性因素？

这种销售过程有没有正确的顺序？答案是有，它以"迭代"的方式展开，需要从内部销售开始，整个过程有时会反复进行多次。

如果你处在艾米的境地，首先跟你的内部专家芭芭拉讨论，然后从客户那里获得进一步的信息。在这个过程中要大胆地对问题进行界定。然后去找芭芭拉谈，进而去找客户，以此重复。

重复的次数取决于你的判断。一个简单的判断标准是当你想不出任何好的理由不去举行一个三方或四方同时参与的正式会议时，就表明你已经重复了足够的次数。

按照这样的方式，由所有人参加的会议将会非常顺利，但前提必须是所有人都对下面这些内容取得共识：

- 各方都对此投入了大量的时间。
- 各方对问题都有清晰一致的理解。
- 顾问所能提供的专业技能有目共睹。
- 各方的利益都得到真实表达。
- 大家彼此互相了解。

做到了这些，交叉销售最初所承诺的服务将得到最好的实现。

交叉销售中的隐性关系

在交叉销售进行的过程当中，我们绝对不能忽略另外一段关系的存在。这一关系无论如何都会受到极大的影响，那就是艾米与库尔特之间业已存在的关系。

考虑一下顾问艾米需要说服库尔特去相信多少事情：

- 芭芭拉是专家。
- 艾米对新业务足够了解以至于可以判断芭芭拉是这一领域的专家。
- 艾米对库尔特所负责的业务足够了解，以至于可以确信新业务能够帮助他解决现实的问题。
- 艾米犹如对待自己的利益一般把库尔特的利益放在心上。
- 艾米知道她的公司所提供的服务具有竞争力。
- 在提议建立新的合作关系时，现有的合作关系并没有被忽视。

这些要让客户全部相信可真不是什么容易的事情，对现有关系来说，这将是一次规模巨大的重塑。我们再次强调这一章的重点，交叉销售不是不可以实现，但前提是顾问必须能够娴熟地使用建立信任的技巧。

处在艾米情况下的顾问，通常倾向于尽力为新顾问（芭芭拉）在所涉及的新领域或新业务问题上树立可信度。但是，更关键的地方在于艾米自己的可信度，以及她与客户的亲近感和她表现出来的自我导向。

艾米不能依赖完全主观的保证（"芭芭拉非常优秀""我与她共事多年"），这样只会消耗客户对她的信任感。再次强调，交叉销售的关键在于艾米的可信度，而非芭芭拉的可信度。

同样地，另外一个容易陷入的误区是，艾米以为她必须像芭芭拉一样对这一领域了如指掌才有资格向客户提出交叉销售的建议。但事实上，客户并不期望艾米在其他领域也变成专家。客户的期望在于，艾米应该对他们的业务问题有足够深入的了解，在此了解的基础上，再去提议客户花时间与另外一位顾问会面。同理，关键不在于新顾问的信任值，而在于现有顾问的信任值。

我们用到的这些例子也许将事情过于简单化了，但是你可以根据自己的经验判断这些例子是否常见。在交叉销售中，重要的并非信息的质量和这些信息是否容易获得，而是面对客户极高的预期和极大的障碍，在脆弱的新关系中建立信任。

如何应对交叉销售中各方的复杂情绪

交叉销售所牵扯的各方情绪都很复杂，因为虽然机构间的关系会有助于合作的展开，但是它只有在个人之间的关系建立后才能发挥作用，而任何个人之间的关系都需要从头开始建立。

应对这些情绪的关键在于公开坦率地承认每一种情况中那些未曾明确

说出来的问题。这对我们来说再熟悉不过了，因为这正是"直言不讳"这一技巧的关键所在。我们所需要的只是它的变形，比如：

- "我不知道你怎么想，但是如果我是你的话，我会担心在我们的合作关系中有新的人介入。"
- "我只能假定，你通过我们之前的合作对我有所了解，你不会认为我是这个全新领域的专家。"
- "我知道在下一个项目中能负责重要工作任务对你来说很重要，所以请允许我解释一下我们可以如何达成这个目标。"
- "当然，考虑到推荐芭芭拉与你会面看上去可能会存在利益冲突，我需要在这一点上表明态度。"
- "我永远不会盲目地接受任何建议，即使建议来自我认识和信任的人。所以，我也不会妄图要求你这样做。"

我们需要把那些与信任等式相关的问题直言不讳地提出来：可信度，可靠度，双方间的亲近感，以及对顾问自我导向的认知。信任等式对顾问来说是一个得力的工具，可以帮助他们确保自己的行动涵盖信任建立的基本问题。

最后我们想要提醒的是，在交叉销售中，顾问将自己的时间先行投入到关系建立当中的意愿和行为具有重要的象征意义。没有什么比花费我们宝贵的时间在别人身上更能体现我们的诚意。这表明我们愿意与对方同心协力，我们并非只为自己，而是始终试图从对方的角度考虑问题。

正是通过这些途径，我们将基于信任关系的合作意愿传递给对方。

第 21 章

赢得信任的速效清单

有哪些方法可以最有效地或者最快速地赢得信任？我们常常被问到这个问题。这是个好问题，我们的答案如下！

1. 时刻倾听

逼自己倾听并复述对方的意思，理解对方想要表达什么。如果对方听到你的复述后没有说"是的，就是这样，我说的就是这个意思"，那么你就没有在真正地倾听。

2. 真正地感同身受

倾听和复述能使对方知道你听进了他刚刚说过的话。但是，你是否正确地理解了他？对方会一直对此有所怀疑，直到他看到你表现出某种形式的感同身受。你不需要同意对方所说的每一句话，但是你必须全面理解他的意思。

每当你发现自己在想"这家伙是个笨蛋"时，立刻问自己："他为什么这么觉得？他的理由是什么？是什么使他这样考虑问题？"你必须下功夫理解他人。你必须：

- 听出对方想法背后的动机。
- 理解对方想法背后的动机。
- 让对方知道你理解他想法背后的动机。

任何理解我们的人都会被我们赋予与我们进行交流，甚至争论的权利，并且我们会报之以同样的理解。任何与我们感同身受的人，即使不同意我们的看法也会得到我们的尊重，他们因此极大地增加了改变我们想法的概率。

3. 注意对方的感受

这完全是一种情绪技巧，使用起来不消一刻，回报却立竿见影。唯一的不利之处是使用起来让人感觉有点冒险，但是风险远远没我们想象的大。

如《顾问的艺术》一书的作者杰斯沃德·萨拉科斯所言，要成为优秀的顾问，我们需要在每一次对话中注意三件事情：客户的言行（包括情绪），我们自己的言行，以及客户对我们言行的反应。

这看上去很复杂，但实际上可以很简单。需要做的只是细心地观察和一两句发自心底的话语。比如，"你今天看上去很兴奋！有什么好事情？"，或探一探身，"乔伊，你看上去心不在焉，发生了什么事情啊？"。

运用这一技巧的最有效的方式，是体会我们对于对方以及我们自己的感受。这一技巧以第三人的角度同样适用，只不过效果稍微逊色一些（比如，"乔伊最近有些无精打采，是不是他的年终考核影响到了他？"）。

4. 分享会议议程

在这份清单中，我们找不到比分享会议议程更简单的技巧。它也许不会产生最大的回报，但确实是做起来最简单的。无论是在正式的或非正式的会议中，还是在电话里，抑或在大型会议或数人会面的安排上，永远在一开始就分享你对于会议议程的想法，并诚心诚意地邀请客户把他们的意见加入议程当中。这能马上让你知道客户的关切所在，让客户感到你在实践"我们一起"而非"我们自己"的理念，从而赢得客户的好感和认同。

5. 说出你的观点

在完全确信某个想法或观点前贸然把它说出来的确让人感觉非常冒险，因为这会把个人暴露在犯错的风险之中。但事实上，我们将自己的观点表达出来对客户来说是极有帮助的，哪怕最后我们的观点被否定，甚至被证明是错误的！这有两个原因：一是，表达自己的观点能够激发对方的反应，同时能将问题明朗化；二是，个人的观点就如同催化剂，能帮助客户进行思考。

应学着用简单、轻松的导入语来带出自己的观点，比如，"现在让我来抛砖引玉……"，或"我的想法不一定对，但是……"，或"嗨，也不知道我的这个想法到底值不值得讨论，但是我突然想到……"。

6. 冒点个人风险

面对个人风险，我们感到我们把自己的一部分暴露在外，向别人揭露自己，在某种程度上将我们的感受赤裸展示。我们害怕被嘲笑，害怕失败，害怕失去别人的尊敬，害怕其他成千上万种的情绪带来受挫感。与人变得亲近就是一种冒险的行为。亲近不必然是将关心变得私人化，侵犯他人的私人空间，而是要你在个人层面与对方进行交流。冒点个人风险就是指我们愿意主动增加与客户的亲近感。这样的行动也许不会得到对方的回应，但是值得一试。

7. 关注专业领域之外的其他领域

大多数专业顾问只研究并关注与眼前这个项目有关的问题和信息。但是这样做，他们可能无法尽到专业顾问对客户的另一种责任，那就是为客户指出各种可以进行改善的机会。那些愿意观察他们专业领域之外的事物，并且表现出由衷兴趣的专业顾问，会给客户留下深刻印象。客户会自然而然地认为这样的顾问更加在乎这次合作，他们确实也是如此。

如果你对客户业务的好奇感陡然增加，这是一个好迹象，说明你在乎与客户的关系。可以肯定的是，客户从你向他提出问题的方式就可以觉察到你对他的业务是否真正感兴趣。

8. 善于提问

开放式问题促使你放弃偏见，不论你的这种偏见是因为对方的身份还是因为贴在他们身上的标签引起的。你的目的是要听到讲话者的真实想法。

开放式问题的潜台词是你尊重对方——听者尊重讲话者，因此允许讲话者在他自己的语境里（涉及他的世界观、他的关切、他对事物的排序以及他对因果的理解）描述事物。

9. 为客户无偿提供建议

大卫·纳德尔（David Nadler），一位久负盛名的组织学专家，这样说：

> 我不是那种只会说"我理解，那一定很难"的反馈疗法心理治疗师。这种方法有它的作用，但是你需要把它跟解决方案结合起来。我的同事所使用的方法给了我灵感，那就是面对客户的难题时，总是给出 3 到 5 个自己能够想到的主意。你可以这样开

始，"这些想法也许过于疯狂或者完全不着边际，但是让我们考
虑一下……"。⊖

很多顾问认为他们要十分小心，不要把好主意向客户和盘托出。首
先，他们感到好主意总是有限的。其次，他们觉得让客户发现他们的好主
意有个限度也不是什么好事。最糟糕的是，他们担心客户可能因此发现，
不但他们的好主意是有限的，而且他们只对其中的一部分有十足的把握！

但事实上，专业见解如爱一般，不仅是无限的，而且如果不去分享的
话反而会扼杀它们。你对孩子的爱不会因为另一个孩子的降临就打了折
扣，同理，专业见解也不应该被想象成数据库里的冰冷数据。不断地界定
问题并创造性地解决问题，是成功的专业顾问在每一种局面下都能够展现
的能力。你越是无私地为客户出主意，你就越能想到更多的好主意。

10. 以不可思议的速度回复电话或电子邮件

及时回复在任何场合都是加分项。这种做法意味着你对对方高度关
注，你做事高效，并且很有条理。但是，"不可思议"地快速回复还有另
一层意义。让我们看看营销学中的理论。《即时响应式销售》（ *Zero-Time
Selling* ）一书的作者、著名播客"销售赋能"（ *The Sales Enablement* ）的主
播安迪・保罗（Andy Paul）曾说："有数据显示，在接到邀约的 5 分钟内
回拨电话，有高得多的概率打通。仅仅通过坚持在 30 分钟内回复所有客
户的电话和问题这一做法，我的一位客户就将自己的营业收入在 3 年内翻
了一番。"

我们中的大多数人没办法整天盯着电话或电子邮箱，从而做到 5 分钟
内必有回复。而且，你可能会担心这样做显得有点用力过猛，但是刻意等

⊖　David Nadler: Interview with Charlie Green, 1999.

到第二天再回复会显得缺乏人际技巧、过于官僚。实际上，你完全可以提升自己的回复速度，让客户在喝完手里的咖啡前就能听到你的答复。然后，在将你的回复提速的同时，你可以加一句："哦，对了，听说明尼阿波利斯马上要迎来一场暴风雪。"这听上去一点也不用力过猛，这是你在为人际关系做出努力，会让对方印象深刻。

11. 放松精神

这里提供一个简单的练习，帮助你在进入一个高度紧张的场合前，比如参与一场关键的会议前，缓解心头的压力。这一练习是，通过花一段时间将注意力全部集中到一些智慧之言上，达到暂时清空头脑中令你分心的事物的目的。

"一段时间"可以是睡前的60秒钟，可以是用键盘或在纸上把这些智慧之言写出来的时间，还可以是在客户来电或会议前在车里大声把它们念出来的几分钟。

下面就是围绕这本书的主题所列出的智慧之言，每次只需要将注意力集中到其中一条上，其余的可以留到下一次。

1. 客户至上。

2. 我在为谁考虑？

3. 客户对此做何感受？

4. 答案是更好的问题。

5. 真正的问题很少是客户一开始就认为的那个。

6. 我不是宇宙的中心。

7. 我现在采取的方式究竟是在为谁服务？

8. 指责别人只会羁绊自己，承担责任将让我变得更强大。

9. 齐心协力胜过单打独斗。

10. 我害怕的是什么？

11. 知道真相远比一无所知要强。

12. 心存希望，但莫存侥幸。

13. 表达一个观点并不会束缚我一辈子。

14. 永远不要说谎，不要掩盖真相。

额外的建议

1. 意识到自己的感受，并把它说出来。

2. 承诺，并付诸行动——不需要比承诺的做得更好，也不要不及你的承诺，去兑现你的承诺就好。

3. 不要客户刚刚提出问题就忙着解答。澄清问题，确认自己是否真正理解了问题。

4. 向客户袒露自己的一些心声，但是不要企图通过这种手段操控对方。

5. 利用面部表情表现你的感同身受，哪怕只是在合适的时机紧皱眉头说一声"天哪"。

6. 主动注意并体会对方试图掩盖的想法或情绪。

这些事你要时刻提醒自己

1. 我不需要每 10 秒钟就证明自己给别人看。

2. 我有权在这里。我不需担忧，我能够带来价值。

3. 不要侃侃而谈，要不断问客户："是吗？那接下来发生了什么？"

4. 同样，不断询问："天哪，这背后的原因是什么？"

5. 我现在是否心跳加速？为什么？为什么不把这种感受大声说出来，并且解释其中的原因？

6. 我是否赢得了给出答案的权利？

7. 我是否过于纠结于赢得这场争论？我得把它变成一场对话。

8. 对客户的情绪做出反应。

9. 不要因为任何事在任何时候责怪任何人。

10. 界定问题比回答问题带来更多价值。

11. 不是所有客户提出的问题都是正确的问题。

12. 不要没有安全感。告诉自己："嘿，如果连我这个专业人士都不知道答案，那这个问题可真是不容易解决。那就让咱们把它弄个水落石出吧。"

13. 我的直觉在提醒我这件事没有看上去那么简单。我的直觉通常是对的，让我们来研究一下吧。

最后的两个建议

1. 打电话给你的客户，现在就打！

2. 告诉对你来说重要的那个人，你有多么在乎他。今天就告诉！

清单汇总

这份附录将本书中最重要也是最有帮助的清单汇总在一起。你可以按以下任何一种方式使用这份附录：

- 快速浏览这些清单，对这本书的内容有大致的了解。
- 用这份附录找到你感兴趣的话题，直接阅读相关章节。
- 在读完全书后，用附录对本书的内容温故知新，并且不断向清单中添加自己的心得体会。

你的客户对你越是信任，他们越是会：
（第 1 章）

1. 向你征求意见。

2. 更倾向于采纳你的建议并采取行动。

3. 邀请你参加更为重要、复杂或关乎企业战略的问题讨论会。

4. 像你希望的那样对待你。

5. 尊重你。

6. 与你分享更多的信息，从而帮助你为他们提供更高质量的服务。

7. 对你的收费不抱怀疑的眼光。

8. 把你介绍给自己的朋友和商业伙伴。

9. 减少对你的工作施加的压力。

10. 相信你是正确的。

11. 在你犯错误时原谅你。

12. 在需要时为你申辩、保护你，哪怕对方来自他们自己所在的组织。

13. 提醒你远离危险。

14. 更加放松地同你打交道，也允许你采取更加放松的姿态。

15. 在他们刚刚发现问题时就向你寻求帮助（甚至把第一通电话打给你），而非等到事情发生之后才想到你。

16. 相信你的直觉和判断，包括对你自己的和他们的同事的评价。

值得信赖的顾问通常具有以下特质。他们：

（第 1 章）

1. 看上去好像可以毫不费力地理解我们，并且跟我们处得来。

2. 始终如一，让我们可以依赖他们。

3. 总是能够帮助我们从全新的视角看待问题。

4. 不会试图将他们的想法强加于我们，而是让我们做出决定。

5. 帮助我们对问题进行充分考虑。

6. 不会用他们的判断来取代我们自己的判断。

7. 不会紧张兮兮或过于激动，总是能保持冷静。

8. 帮助我们真正地思考，避免我们把情绪和理性的逻辑混淆。

9. 温和地、充满善意地对我们提出批评建议，帮助我们改进。

10. 直言不讳，因此我们不必担心他们会对我们有所隐瞒。

11. 目光长远，比起眼前的问题，更重视与我们的长期关系。

12. 让我们知其然，更让我们知其所以然，帮助我们独立思考问题。

13. 给我们不同的选择，帮助我们增进对不同选择的理解；提出他们的建议，但最终把选择权留给我们。

14. 质疑我们的假设，帮助我们甄别那些我们一直奉行但是错误的假定。

15. 认真严肃地对待工作，但让我们感到轻松自在。

16. 在我们面前是有血有肉的人，而非只是扮演他们的工作角色。

17. 坚定地站在我们这一边，总是把我们的最大利益放在心上。

18. 不需要参考笔记也能记得我们对他们讲过的事情。

19. 永远表现得正直体面，不会在我们面前议论他人；我们相信他们所秉持的价值观。

20. 会用类比、参考逸闻和讲故事的方式帮助我们认清具体问题和前因后果（因为真正前所未有的问题少之又少）。

21. 在困难局面之中能够用幽默化解紧张气氛。

22. 聪明机智（有时，这样的机智是我们所不具备的）。

值得信赖的顾问具有的特质：
（第2章）

1. 把焦点放在客户身上，而非顾问自己身上，因为他们：

- 有足够的自信，不带任何预判地倾听客户。
- 有足够的好奇心，不带想当然的答案去探究真相。
- 有意愿把客户看作平等的合作伙伴一起解决问题。
- 有强大的自信来克服妄自尊大的心理。

2. 聚焦客户本人，而非他们的头衔。

3. 相信持续地将注意力放在定义和解决问题上比展示自己的技术水平更重要。

4. 表现出很强的"竞争意识"，但是"竞争"的目的是不断找到更好的方式服务客户，而非超越对手。

5. 始终将精力放在做好下一件事情上，而非仅关注一时的得失。

6. 工作的动力来自内心把事情做好的愿望，而非外部的奖励。

7. 把方法、模型、技巧和商业流程看作达到目的的手段。评价这些手段的唯一标准是它们是否对客户有用。

8. 相信成功的客户关系与不断积累高质量的客户体验密切相关。因此，他们即便要承担个人风险，也会积极寻求与客户直接接触的机会。

9. 相信营销和服务是专业精神的两个方面。两者都可以向客户证明他们竭尽全力帮助客户解决问题。

10. 相信虽然工作和生活有所区别，但是两者都需要人来主导。他们认识到与人交往的娴熟技巧对工作和生活都至关重要，两者的相似点多过不同点。而且对某些人来说，工作和生活在很大程度上是重叠的。

值得信赖的顾问需要的三种技能：
（第 3 章至第 5 章）

1. 赢得信任。

2. 有效提供专业建议。

3. 建立关系。

信任的特点：
（第 3 章）

1. 信任是培养起来的，而非凭空出现的。

2. 信任既包含理智，又包含情感。

3. 信任关系是双向的。

4. 信任意味着冒险。

5. 信任对客户和顾问有着不同的意义。

6. 信任是一种私人化的体验。

建立关系的基本原则：

（第 5 章）

1. 采取主动。

2. 用行动证明。

3. 发现不同点，而非寻找相似点。

4. 确定对方想要听取你的意见。

5. 先赢得提供建议的权利。

6. 不断提问。

7. 心口如一。

8. 大胆求助。

9. 表现出对他人的兴趣。

10. 赞赏别人，但不要奉承。

11. 表达感激之情。

最为重要的心态：

（第 6 章）

1. 关注他人。

2. 自信。

3. 内心强大。

4. 好奇心。

5. 具有包容的专业精神。

6. 让行为具有原则性。

信任关系的四个基本要素：

（第 8 章）

1. 可信度。

2. 可靠度。

3. 亲近感。

4. 自我导向。

增强可信度的建议：

（第 8 章）

1. 思考如何尽可能多地摆出事实，除非某些事实会伤害到别人。

2. 不要说谎，哪怕只是对事实进行夸张。任何时候都不要说一句谎话，永远不要。

3. 避免说出可能让人认为没有诚意的话。比如，"当然，我们会把最优秀的员工安排到这个项目中"（真的吗？谁是最糟的员工？谁来决定谁是最优秀的员工？最优秀的员工不会很忙吗？）或者"我们不会写那种只会被扔进档案室里的报告"（真的吗？你在暗示谁会写这样的报告？你的意思是不是说你不会给客户任何书面材料？）。

4. 说话要生动，不要单调无趣。使用肢体语言，注意眼神交流以及音调的变化。向客户展示你对所讲的话题充满热情。

5. 不要仅仅嘴里提到你服务过的客户。当可能真正做到互惠互利时，将你服务过的客户介绍给他们。他们会向对方学习，你也会因此得到回报。

6. 当你不知道答案时，果断直接地告诉客户。

7. 让客户知道你的资历很重要，这将使客户和你自己都感觉更好。

网站和线上简介取代了以往简历所达到的效果：在会面前就使对方对你的能力有所了解。但是，切记不要把这种简介做成推销文件，谨慎使用形容词，因为它们可能会让人对你的能力产生怀疑。

8. 放轻松。你知道的比你意识到的要多得多。如果你真的不属于这里，一开始就不应该让自己处于这个位置。

9. 确保你对客户的公司、客户所在的市场、客户方重要人物的个人背景做足了功课，而且确保你所看到的信息都是最新的。即使你已经对客户的生意有所了解，会见当天也可能发生一些你并不知道的"客户新闻"。

10. 没必要炫耀。客户已经假定你能胜任你的工作（或知晓如何处理眼下的问题）。客户真正想考验你的水平的时候实际上非常少。

11. 热爱你的专业，别人看得出来。

关于可靠度的一些想法：
（第 8 章）

1. 在一些小事上向你的客户做出一些非常具体的承诺：明天前找到那篇文章；立刻拨打那通约好的电话；周一前完成初稿；为客户查找某个引用的出处。然后不露声色地按时兑现承诺。

2. 在会议开始前将会议资料提前发送给客户，好让他们有时间提前审阅，这样在正式会议时就会省下一些讨论细节的时间。

3. 确保会议有明确的目标，而非仅仅准备会议议程，并且确保会议达成目标。

4. 迎合客户习惯的术语、风格、格式以及工作时间。

5. 在会议、电话沟通和讨论前，与客户一起商讨议程。客户愿意看到顾问考虑到他们对于时间分配的意见。

6. 在约定的日期前与客户再确认一次。任何对约定或承诺日期的变更都要及时通知客户。

关于亲近感的一些建议：
（第 8 章）

1. 不要害怕！建立亲近感需要勇气，不仅对你来说如此，对其他人亦然。

2. 位高权重之人欣赏坦率的性格，但坦率不一定意味着亲近，他们更加看重坦率。

3. 发现乐趣。

4. 要观察自己是否越线，走得太远、太急。

5. 练习一下。确实，一个人很难通过练习获得浑然天成的技巧，但是你可以试着练习措辞。

6. 不要高估风险的负面影响。

7. 采取主动。

阻碍关注客户的"威胁"：
（第 8 章）

1. 自私自利。

2. 以自我为中心。

3. 想要显得自己完全掌握局面。

4. 渴望自己被看作聪明人。

5. 脑子里的待办事项清单有一公里那么长。

6. 急于讨论解决方案。

7. 想赢的欲望超过帮助客户的欲望。

8. 总认为自己是正确的。

9. 总想被看作正确的。

10. 总想被看作能带来价值。

11. 因为很多不同的因素而害怕：害怕自己的无知，害怕给不出正确答案，害怕显得不聪明，害怕被拒绝。

体现过分的自我导向的行为：

（第 8 章）

1. 喜欢将客户的故事与顾问自己相联系。

2. 接客户的话茬，迫不及待地帮他们把话说完。

3. 想要填满交谈中的空隙。

4. 试图显得聪明、机智、幽默。

5. 没法对直接的问题给出直截了当的答案。

6. 不愿承认自己的无知。

7. 用服务过的其他客户来攀龙附凤。

8. 时时不忘提及自己的专业资质。

9. 急于给出答案。

10. 在交谈中总是希望自己说最后一句。

11. 在交谈中从很早就使用封闭式问题。

12. 在仔细听取客户的假设或问题描述前，急于提出自己的假设或对问题的理解。

13. 消极收听，很少给客户自己正在认真聆听的视觉信号。

14. 像看计算机屏幕一样看着客户（即把客户当作单向数据流）。

低自我导向的行为：

（第 8 章）

1. 让客户填充交谈中的空隙。

2. 向客户询问问题背后的隐情。

3. 使用开放式问题。

4. 在获得相应的权利前不贸然给出答案（当你赢得这样的权利时，客户会让你知道）。

5. 把注意力集中在定义问题而非猜测答案上。

6. 使用思考式倾听的技巧，将听到的总结出来，以确保自己听到的与客户想要说的一致。

7. 不知道时就说不知道。

8. （以尊重客户的态度）理解客户的情感，同情客户的处境。

9. 在形成自己对问题的解释前，试着从客户的角度把故事讲出来。

10. 倾听客户时排除一切干扰——关上门，关掉手机和电子邮件提醒，不时用眼神交流。

11. 当客户过早要求提供解决方案时，有把握地抑制这种冲动。保持在倾听和与客户共同定义问题的阶段。

12. 相信自己有能力在听完客户的全部陈述后为客户带来价值，而非在倾听过程中就这样做。

13. 为沟通失败承担责任。

信任建立的五个阶段：

（第9章）

1. 客户委托：使用表示兴趣和关心的语言。

2. 倾听：使用表示理解和同情的语言。

3. 界定问题：使用表达不同视角的坦率语言。

4. 构想：使用表示可能性的语言。

5. 承诺：使用表示一起合作的语言。

信任建立过程中需要的技能：

（第 9 章）

1. 客户委托要求顾问能够（令人信服地）吸引客户的注意力。

2. 倾听要求顾问能够理解他人。

3. 界定问题要求创造性地观察和情感上的鼓励。

4. 构想要求协作和创造精神。

5. 承诺要求顾问具有激发热情，同时能够避免头脑发热。

与客户互动的方式：

（第 10 章）

1. 对客户竞争对手的行动表示担忧。

2. 对客户个人所面对的职业挑战表示理解。

3. 对某一管理问题提供解决方案。

4. 表现出连贯性和对事态发展的关注。

优秀的倾听者会做什么：

（第 11 章）

1. 持续询问以澄清理解。

2. 留心话语中的情绪表达。

3. 倾听对方的故事。

4. 很好地进行总结。

5. 感同身受。

6. 留意那些不同的地方，而非熟悉的观点。

7. 认真对待对方（他们不会说"不必为此担心啦"）。

8. 发现隐藏的前提假设。

9. 允许客户在自己面前"发泄情绪"。

10. 会问客户"你对此有何看法？"。

11. 让客户倾诉（"你还考虑过其他哪些方面？"）。

12. 不断地询问细节以帮助自己理解。

13. 倾听时排除一切干扰。

14. 将注意力首先集中在客户的讲述上。

15. 允许客户按照自己的方式叙述故事。

16. 从客户的角度出发考虑问题，至少在他们倾听时如此。

17. 向客户询问怎样可以帮上忙。

18. 在告诉客户自己的想法前，先征求客户的想法。

19. 在客户讲话时看着（不是盯着）对方。

20. 留意客户的语言与动作、姿势之间是否一致（或不一致）。

21. 让客户感觉他们是唯一重要的人，为他们花多少时间都没有关系。

22. 用点头或微笑鼓励对方。

23. 注意并且控制自己的肢体动作（不乱动，不抖腿，不把玩回形针）。

优秀的倾听者不会做什么：

（第 11 章）

1. 打断别人。

2. 过快地回应。

3. 把自己的故事与客户的故事相比（"噢，对了，我也遇到过这种情况。想当年……"）。

4. 不半路发表意见（"照我看，那个选择根本没有机会成功"）。

5. 过早下结论（而未经深思）。

6. 用封闭式问题询问事情的原因。

7. 在听取客户的想法前发表自己的看法。

8. 对客户评头论足。

9. 过快地试图解决问题。

10. 在与客户开会时接听电话或打断会议（这一条如此显而易见，但是看看这种情况是多么普遍！）。

"直言不讳"的三个显著特征：
（第 12 章）

1. 承认提出问题的困难性。

2. 接受提出问题的责任。

3. 对问题本身直接进行陈述。

表示愿意主动承担责任的"提前警示"：
（第 12 章）

1. 也许只有我这样觉得，但是……

2. 我刚才一定是走神了，对不起，你刚才说到……

3. 我很确定你之前提到过这一点，但是……

4. 很抱歉打断你，不过这件事在我脑子里实在挥之不去……

5. 你也许早就考虑到这一点了，但是……

6. 我希望有办法，但我实在不知道如何处理这个困扰……

7. 我意识到你非常倾向于 XYZ，但是……

8. 我很可能完全想错了，但是……

9. 我不敢肯定我是否说得有道理，但是我觉得……

10. 我也许没有正确理解此事，恕我冒昧说一句……

11. 我不知道具体应该怎么表达，希望你能不吝赐教……

12. 这件事不知当讲不当讲，但是……

13. 希望你能原谅我笨嘴拙舌，但是……

有关承诺的话题：
（第 14 章）

1. 达成目标的过程中障碍会有哪些？

2. 我们打算如何解决问题？

3. 哪些人需要知情？

4. 谁负责做什么？

5. 我们需要哪些信息？

6. 什么时候我们应该碰头核实情况？

7. 哪些时间点是关键的截止日？

管理期望的技巧：
（第 14 章）

1. 清楚地说明我们会做什么，不会做什么。

2. 清楚地说明客户需要做什么，不需要做什么。

3. 为我们将要做的分析工作划清边界。

4. 与客户核实那些客户可能不希望我们介入的领域，或那些客户不希望我们接触的人员。

5. 确定精细的工作计划。

6. 商定沟通的方式和周期。

7. 决定汇报的内容和交付对象。

8. 决定多久提供一份书面报告。

9. 决定报告的使用方式。

10. 决定需要何种形式的阶段进程审核。

11. 决定项目中和结束后的工作成果评价标准。

对于通过期望管理建立信任的建议：
（第 14 章）

1. 对于你能做和不能做的事情，以及交付工作成果的时间表，永远要实话实说。

2. 在接受客户委托之前就开始工作。

3. 表现出你的热情。

4. 尽早提出那些让你感到棘手的问题。

对于难以成为值得信赖的顾问的借口：
（第 15 章）

1. 这样做要冒太多个人风险。那些涉及客户情感的诉求不太寻常，它们让人感到难为情，甚至有点怪异。

2. 要让人不总想着自己而时刻关注别人可不那么容易。

3. 专业服务机构倡导的是以掌握专业内容和精湛业务技能为中心的文化（我们的教导文化就是专业内容至上）。

4. 我们无法克服被客户认为无知、愚蠢或者不学无术的恐惧，但我们要时刻表现得胸有成竹。

5. 在问题真正得到解决前，很难只听客户滔滔不绝而自己一言不发。要改变我们业已形成的直觉和习惯可太难了。

6. 要把那些难以启齿的真相说出口需要很大的勇气。有些事情不能说得太明显，要么涉及隐私，要么太过冒险，要么显得非常不专业。

7. 有些举动稍有不慎就会侵犯客户的私人空间。

8. 这方法有损优秀内容和专业知识的价值。

9. 这方法听起来太教条了。

10. 这套流程听上去太花时间了！这会让我亏本。

11. 客户希望我把精力放在眼前的工作上，他们不希望因为其他原因同我见面。

12. 在有十足的把握前，采取任何明确的立场都是一件冒险的事情。

13. 我表达了自己的观点，如今却意识到这个观点不甚妥当。现在改变观点的话，我将毫无信誉可言。

14. 要始终保持这么谦卑的姿态可不容易。

顾问为什么急于采取行动：
（第 15 章）

1. 人类天生的自我关注倾向。

2. 认为自己仅仅是在提供专业内容。

3. 钟情于具体可见的事物。

4. 希望获得客户的认可。

顾问常见的恐惧对象：
（第 15 章）

1. 无法给出答案。

2. 无法迅速地给出正确答案。

3. 给出错误答案。

4. 在社交上有失礼节。

5. 表现出困惑。

6. 不知如何做出反应。

7. 错过某些信息。

8. 表现出自己的无知。

9. 错误地进行判断。

顾问需要学会控制的情绪和冲动：

（第 15 章）

1. 想要将功劳揽在自己身上。

2. 想要讲些什么来填充对话中的空白。

3. 因为不安全感而把自己的所有资历都拿给别人看。

4. 想要暂时搁置问题留待没有压力时解决。

5. 想要为自己的答案留有余地。

6. 想要过快地把自己对问题的解读套在客户身上。

面对不同类型的客户：

（第 16 章）

1. 事先就要对客户的不同特点以及在此情况下你可能需要采取的不同工作方式做足功课。

- 有没有什么话题对这种场合来说过于敏感而应该避免？

- 有没有什么话题在你的同事中具有明显的分歧？

- 哪些地方我们可能会遇到最多的抵触情绪？

- 你们有没有什么正在进行的计划和行动会对这次活动产生影响？

2. 当你面对客户时，提醒自己回答下面 3 个问题。

- 客户的个人动机是什么？

- 他有着什么样的性格？

- 组织的状况如何影响他看待问题的方式？

3. 对于客户的个人动机，思考下面哪一条排在最前面。

- 客户希望表现出色。

- 客户希望采取行动并达成目标。
- 客户希望在决策前能够进行充分的理解和分析。
- 客户希望取得一致意见。

4. 找到客户作为一个普通人会让你真正喜欢的方面。

5. 运用信任等式。

棘手的客户类型:
(第 16 章)

类型 1:"我只在乎事实"型客户。

类型 2:"我会再联系你"型客户。

类型 3:"你可是专家啊,还要问我?"型客户。

类型 4:"让我来处理"型客户。

类型 5:"让我们重新梳理一遍"型客户。

类型 6:"你不了解情况"型客户。

类型 7:"敌人的敌人就是朋友"型客户。

类型 8:"就像……你懂的……就是那样吗?"型客户。

类型 9:"哦,对了,还有一件事"型客户。

影响客户对服务价值的认可度的因素:
(第 18 章)

1. 理解。

2. 掌控感。

3. 进步。

4. 沟通渠道和时间。

5. 响应能力。

6. 可靠度。

7. 赏识。

8. 重要感。

9. 尊重。

在项目进行过程中建立信任的技巧：

（第 18 章）

1. 通过以下方式增加客户对项目的参与度。

- 开展头脑风暴。

- 安排客户负责某些任务。

- 向客户提供不同的选项并请他们进行选择。

- 让客户知晓将要开展的工作及其相关时间和原因。

2. 通过以下方式让报告和陈述材料更有效并且容易传阅。

- 让客户决定报告和材料的格式与呈现方式。

- 提供概要，方便客户无须修改就可以在内部传阅。

- 每一份报告和材料都请未参与项目的同事进行检查，确保易读性和易理解性再交付客户。

- 提供所有图表、数据和总结的电子版，方便客户内部使用。

3. 通过以下方式帮助客户应用我们的交付成果。

- 向客户传授应对组织中其他人的方法。

- 通过分析和论证使客户理解我们的思路，并确保他们能够采取行动。

- 从策略和公司政治的角度为客户在组织中应用交付成果提供建议。

- 以客户无须修改便可在内部使用的方式编写进度总结报告。

4. 通过以下方式使会议更有价值。

- 在会议前设定具体的会议议程和目标。
- 在会议开始前发送相关信息和报告，把会议时间用在讨论上，而非用在陈述报告上。
- 提前确认参会人员名单，并了解他们的背景。
- 为双方建立下一步的行动计划。
- 记录并总结所有的会议内容和重要的电话沟通内容，并在当天或隔天将简报发送给客户。
- 事后检查确认会议目标是否达成。

5. 通过以下方式让客户更容易在需要时找到我们。

- 如果知道不能赴约，提前通知对方。
- 让对方能够轻松地知道我们在哪里，什么时候回来。
- 确保我们的团队成员知晓所有客户的姓名和与维护客户关系相关的人员。
- 想办法让客户接受职位比我们低的员工，这样在我们没有空时他们可以代替我们出席。

在项目进行过程中建立信任的其他技巧：
（第 18 章）

1. 我们必须始终让客户知道我们的进度。

2. 我们必须始终讲真话，而非我们以为的客户想要听的话。

3. 我们应该热爱我们的工作。

4. 我们应该始终确保我们不是单纯从技术角度出发给出答案。

5. 不要急于寻求后续项目。

客户对于培养关系的建议：

（第 19 章）

1. 为我们的公司真正带来改变，而不只是让我们看到你们出现在我们面前。

2. 多做一些探索性的工作（投入时间为我们在新的领域做些初步工作）。

3. 多花些时间帮助我们思考，帮助我们制定战略。

4. 引导我们的思路，告诉我们未来 5 年或 10 年我们的公司将呈现什么样的面貌。

5. 对任何关于我们的新动向都了如指掌，始终与我们保持同步。使用我们的数据做出更深层次的分析。主动向我们索取你们所需要的信息，而不是被动地等着我们向你们提供。

6. 安排一些办公室之外的会面，与我们一起就我们的业务开展头脑风暴。

7. 为理解我们的公司如何运营多付出一点努力，旁听我们的会议。

8. 帮助我们跟其他公司进行比较，包括我们的同行和行业外的标杆公司。

9. 让我们知道我们的竞争对手在做些什么，以及背后的驱动因素。

10. 与我们讨论我们应该去做的事情。我们欢迎各种想法！

赢得信任的速效清单：

（第 21 章）

1. 时刻倾听。

2. 真正地感同身受。

3. 注意对方的感受。

4. 分享会议议程。

5. 说出你的观点。

6. 冒点个人风险。

7. 关注专业领域之外的其他领域。

8. 善于提问。

9. 为客户无偿提供建议。

10. 以不可思议的速度回复电话或电子邮件。

11. 放松精神。

帮助你放松的智慧之言：

（第21章）

1. 客户至上。

2. 我在为谁考虑?

3. 客户对此做何感受?

4. 答案是更好的问题。

5. 真正的问题很少是客户一开始就认为的那个。

6. 我不是宇宙的中心。

7. 我现在采取的方式究竟是在为谁服务?

8. 指责别人只会羁绊自己，承担责任将让我变得更强大。

9. 齐心协力胜过单打独斗。

10. 我害怕的是什么?

11. 知道真相远比一无所知要强。

12. 心存希望，但莫存侥幸。

13. 表达一个观点并不会束缚我一辈子。

14. 永远不要说谎，不要掩盖真相。

额外的建议：

（第21章）

1. 意识到自己的感受，并把它说出来。

2. 承诺，并付诸行动——不需要比承诺的做得更好，也不要不及你的承诺，去兑现你的承诺就好。

3. 不要客户刚刚提出问题就忙着解答。澄清问题，确认自己是否真正理解了问题。

4. 向客户袒露自己的一些心声，但是不要企图通过这种手段操控对方。

5. 利用面部表情表现你的感同身受，哪怕只是在合适的时机紧皱眉头说一声"天哪"。

6. 主动注意并体会对方试图掩盖的想法或情绪。

这些事你要时刻提醒自己：

（第21章）

1. 我不需要每10秒钟就证明自己给别人看。

2. 我有权在这里。我不需担忧，我能够带来价值。

3. 不要侃侃而谈，要不断问客户："是吗？那接下来发生了什么？"

4. 同样，不断询问："天哪，这背后的原因是什么？"

5. 我现在是否心跳加速？为什么？为什么不把这种感受大声说出来，并且解释其中的原因？

6. 我是否赢得了给出答案的权利？

7. 我是否过于纠结于赢得这场争论？我得把它变成一场对话。

8. 对客户的情绪做出反应。

9. 不要因为任何事在任何时候责怪任何人。

10. 界定问题比回答问题带来更多价值。

11. 不是所有客户提出的问题都是正确的问题。

12. 不要没有安全感。告诉自己："嘿，如果连我这个专业人士都不知道答案，那这个问题可真是不容易解决。那就让咱们把它弄个水落石出吧。"

13. 我的直觉在提醒我这件事没有看上去那么简单。我的直觉通常是对的，让我们来研究一下吧。

最后的两个建议
（第21章）

1. 打电话给你的客户，现在就打！

2. 告诉对你来说重要的那个人，你有多么在乎他。今天就告诉！

| 后记 |

THE TRUSTED ADVISOR

首先，我们要感谢家人的支持，是他们让我们认识到信任的重要性（以及听从好建议的好处）。

我们也很感激我们的客户，以及那些在我们参与的研讨会和培训中忍受我们不停尝试阐述我们想法的与会者。

在成书过程中，很多人都为本书不计其数的修改给予了直接的帮助。我们三人更是得益于各自的另一半的无私付出，我们对凯西、勒内、麦蒂和苏珊所做的一切表示感谢！

大卫的助手和经纪人朱莉·麦克唐纳·奥利里（Julie MacDonald O'Leary）是作者之外唯一一位阅读了每一版修改稿并提出修改建议的人。从始至终，她在成书的每一个阶段都给我们提出了宝贵的意见。在原稿的众多读者中，作为大卫在 PracticeCoach 项目中的合作方，来自 The Edge 集团的帕特里克·麦肯纳（Patrick McKenna）和杰拉尔德·里斯金（Gerald Riskin）慷慨地付出了他们的时间，给予了我们大力的协助，并提出了中肯的意见。我们非常感激他们让我们有机会"借鉴"他们的意见。

我们同时感谢约翰·布特曼（John Butman），他帮助查理和罗伯特构建并组织他们的观点，出谋划策，并且为如何描述"信任"这个难于解释的话题指点迷津。

特别感谢约翰·巴克（John Barch）在最初给予查理和罗伯特以鼓励。

除了上述诸位，以下这些在职的值得信赖的顾问也阅读了书稿并十分慷慨地提出了建议：

Fiona Czerniawska，Tom Colleton，David Gaylin，Candace Harris，Marco Materazzi，Jon Moynihan，Scott Parker，Frances Sacker，Chris Starrett，以及 Robbie Vorhaus。

最后，我们向以下诸位欣然接受访谈并与我们分享经验的同行表示感谢：George Colony，Jim Copeland，Richard Mahoney，David Nadler，Regina M. Pisa，Joe Sherman，Stephanie Wethered，Tim White，Digitas 的管理团队成员，以及弗雷斯特研究公司的管理团队成员。